5 DAYS PARADISE TRIP GUIDE
PRESENTED BY A-WORKS

5日間の休みで行けちゃう！楽園・南の島への旅

初心者でも大丈夫！手頃な値段で解放感あふれる夢のパラダイスへ！

今日を楽しめ。
自分自身の人生を忘れがたいものにするのだ。
ナンシー・H・クラインバウム（作家）──

休みたいのなら、なぜいま休まない？ ──ディオゲネス（哲学者）

世界は一冊の本だ。旅をしない者はその本を一頁しか読めないだろう。

― アウグスティヌス（古代キリスト教の神学者）―

世界中に散らばる、
楽園・南の島を求めて。
さぁ、5日間の旅に出よう!

はじめに

抜けるような青空に、燦々と降り注ぐ太陽の光…
鮮やかに透き通った海に、どこまでも続く白砂のビーチ…
頬をなでる柔らかい潮風に、優しく揺れる椰子の葉…

そんな楽園でのんびりしたい！　おもいっきり遊びたい！
おいしいものも食べたいし、買い物もしたい！

この本は、そんなわがままな旅人へ贈る、
楽園・南の島への旅を楽しむためのガイドブックだ。

世界中に溢れる"心を解放する極上空間"の中から、
『5日間の休み＆手頃な旅費があれば行ける場所』。
そんな素敵な旅先を選び、写真やガイド情報と共に、
ひとつひとつ、丁寧に紹介している。

これだけ便利な移動手段が発達し、格安航空券も溢れている現在、
地球上にある魅力的な島々や楽園に、5日間の休み＆手頃な旅費で、
本当に行けてしまう時代に、僕らは生きている。

インターネットで見るだけじゃ満足できない人へ。
現地に行って、空気を、匂いを、風を感じたい人へ。

ヴァーチャルではなく、リアルを愛する人の旅を応援します。

LET'S PLAY THE EARTH!

FACTORY A-WORKS

「5日の休みで行けちゃう！楽園・南の島への旅」
CONTENTS

「ジープ島」
海上のオアシス
"太平洋の湖"に浮かぶ島
▶P022

 ミクロネシア／Micronesia

 *01*

「ハミルトン島」
世界一の珊瑚礁地帯
グレートバリアリーフで出逢う奇跡の絶景
▶P028

 オーストラリア／Australia

 *02*

「サムイ島、ナンユアン島」
隠された宝石
白砂が繋ぐ奇跡の絶景
▶P034

 タイ／Thailand

 *03*

「ラーム環礁」
ラグジュアリー×エコの融合
インド洋に浮かぶ、極上リゾート
▶P040

 モルディブ／Maldives

 *04*

「サルデーニャ島」
南欧情緒に溢れる
地中海のエメラルド海岸
▶P046

 イタリア／Italy

 *05*

「モンテゴベイ」

カリビアンブルーに輝く海
レゲエのリズムが溢れる島
▶P052

 ジャマイカ／Jamaica

06

「イルデパン」

南洋杉の静寂と穏やかな海での寛ぎ
南太平洋に浮かぶ宝石箱
▶P058

 ニューカレドニア／New Caledonia

07

「ビンタン島」

夜空に舞う、幻想の光
海と密林が形成するリアウの宝石
▶P064

 インドネシア／Indonesia

08

「ドバイ」

世界一が密集する砂漠の大地
人類が創造した楽園
▶P070

 アラブ首長国連邦／United Arab Emirates

09

「ハワイ島」

地球の鼓動を感じる大自然
魂をゆさぶるビッグ・アイランド
▶P076

 アメリカ・ハワイ／Hawaii, U.S.A

10

「ラロトンガ島、アイツタキ島」

ポリネシア文化が色濃く残る島
太平洋に浮かぶ、秘密の楽園
▶P082

 クック諸島／Cook Islands

11

「レダン島」

ジャングルを囲む豊穣の海
珊瑚に囲まれた秀麗な島

▶P088

 マレーシア／Malaysia

 12

「ロタ島」

南洋の島で授かる神の光
世界有数の透明度を誇る海

▶P094

 北マリアナ諸島／Northern Mariana Islands

13

「ザギントス島」

映画「紅の豚」の舞台を彷彿させる
断崖絶壁に隠された秘密のビーチ

▶P100

 ギリシャ／Greece

 14

「バラデロ」

白砂が続くビーチと、歴史情緒漂う街並み
カリブ海の真珠と称される愛しの島

▶P106

 キューバ／Cuba

 15

「ロックアイランド」

大洋に秘められた海の宝石箱
自然の神秘と幻想的な空間

▶P112

 パラオ／Palau

 16

「ボラカイ島」

世界一のホワイトビーチ
フィリピンの隠れ家的アイランド

▶P118

 フィリピン／Philippines

 17

「ロロアタ島」
赤道直下の深緑と群青の島
地球最後の楽園
▶P124

 パプアニューギニア／Papua New Guinea

18

「オアフ島」
アロハの空気が満ちる
世界中の旅人が愛し、集う島
▶P130

 アメリカ・ハワイ／Hawaii, U.S.A.

19

「ピピ島」
コーラルリーフに抱かれた秘島
無人島の「ザ・ビーチ」へ
▶P136

 タイ／Thailand

 20

「コンダオ島」
悲しき島から神秘の島へ
ベトナム最後の楽園
▶P142

 ベトナム／Vietnam

 21

「プララン島、ラディーグ島」
インド洋に取り残された大陸のかけら
地上最後の楽園と称えられる島々
▶P148

 セイシェル／Seychelles

22

「ビチレブ島」
笑顔と人々が交差する
南太平洋の十字路でアイランドトリップ
▶P154

 フィジー／Fiji

 23

「マルタ島」

燦々と輝く地中海の中心
海と太陽が織り成す南欧アイランド

▶P160

 マルタ／Malta

24

「ナッソー」

鮮やかなカリビアンブルーに映える
淡く美しいピンクサンドビーチ

▶P166

 バハマ／Bahamas

25

「サイパン島」

輝くマリアナブルーの海
穏やかな風が吹く癒しの島

▶P172

 北マリアナ諸島／Northern Mariana Islands

26

「南マーレ環礁」

インド洋に浮かぶ真珠の首飾り
モルディブの碧い海に包まれる小さな島

▶P178

 モルディブ／Maldives

27

「プーケット島」

アンダマン海の真珠
アジアを代表する南国アイランド

▶P184

 タイ／Thailand

28

「グアム島」

遊びのテーマパーク
日本から一番近いアメリカ

▶P190

 アメリカ／U.S.A

29

「海南島」
中国が世界に誇る人類の宝
常夏のチャイニーズトロピカル
▶P196

 中国／China

30

「フレーザー島」
沖合に創造された奇跡
世界一大きな砂の島
▶P202

 オーストラリア／Australia

31

「バリ島」
海、山、文化、芸術、癒し…
すべてを網羅する懐深き神の島
▶P208

 インドネシア／Indonesia

32

「セブ島」
極彩色の穏やかな海
世界最大の魚と戯れる
▶P214

 フィリピン／Philippine

33

「イビサ島」
地中海に浮かぶ太陽と音楽の楽園
世界一のパーティーアイランド
▶P220

 スペイン／Spain

34

「カンクン」
陽気なマリアッチが奏でるラテンのリズム
極上リゾートが密集するカリブの楽園
▶P226

 メキシコ／Mexico

35

「ガパリ」
遂に開かれた最後の楽園
古き良きアジアの原風景に続くビーチ
▶P232

 ミャンマー／Myanmar

36

「マイアミ」
パステルカラーが彩る
アメリカ最高の陽気な楽園
▶P238

 アメリカ／U.S.A

37

「宮古島」
東洋一の砂浜を求めて
美ぎ島を巡る癒しの旅
▶P244

 日本・沖縄県／Okinawa,Japan

38

「久米島」
白と碧が描く絶景
左右に海を抱く、純白の砂浜
▶P250

 日本・沖縄県／Okinawa,Japan

39

「無人島」
自分だけの楽園
無人島を手に入れよう
▶P256

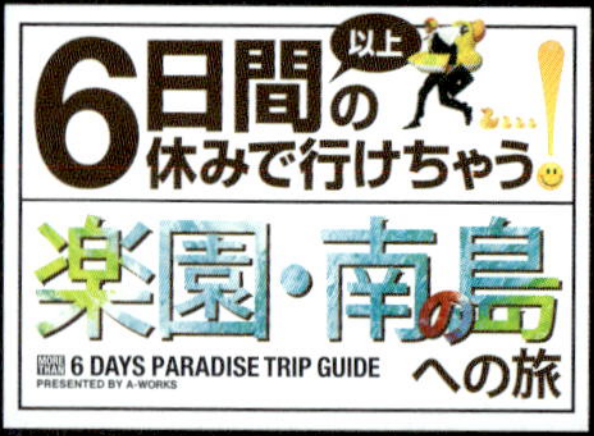

40

6日以上で行けちゃう、楽園・南の島！
MORE THAN 6 DAYS PARADISE TRIP GUIDE
▶P262

41-45

「ボラボラ島」
海の上に浮かぶ極上空間
南太平洋に輝くパールアイランド
▶P264

 タヒチ／Tahiti

41

「イースター島」
謎に包まれる1,000体の石像群
神秘に満ちた絶海の孤島
▶P270

 チリ／Chile

42

「モーリシャス」
天国のモデルと称される神秘の孤島
別次元の「碧」が広がるインド洋の貴婦人
▶P276

 モーリシャス／Mauritius

43

「ガラパゴス諸島」
唯一無二の楽園
赤道直下の進化の小宇宙
▶P282

 エクアドル／Ecuador

44

「クリスマス島」
赤道直下の秘境
珊瑚礁でできた美しき島
▶P288

 キリバス／Kiribati

45

素敵な旅作りのヒント集
● 旅行会社と相談する上で欠かせないポイント！
● 旅をリーズナブルにするヒント！
● 海外旅行に行く場合の持ち物は!?
● 想い出を形に！
▶P294

5日間の休みで行けちゃう楽園・南の島への旅

5 DAYS PARADISE TRIP GUIDE
PRESENTED BY A-WORKS

海上のオアシス
"太平洋の湖"に浮かぶ島

太平洋の湖に浮かぶ島
「ジープ島」

西太平洋は赤道直上に点在する、ヤップ、チューク、ポンペイ、コスラエ…これら4つの州から構成される国、ミクロネシア連邦。それぞれの州が数多くの島を擁す、さながら"南の島"が集められた宝物庫でもある。そのひとつ、約290もの島からなるチューク州。そこはチューク環礁と呼ばれ、"南太平洋の湖"という別名も持つ。その州都、ウエノ島からボートで約30分。到着するのは、ゆっくり歩いても3分とかからない小島。"ジープ島"と名付けられたその島の周囲はハウスリーフと呼ばれる枝サンゴの群落があり、海洋生物たちのオアシスとなっている。また、バンドウイルカの通り道でもある為、海を泳げばイルカとの遭遇も期待できる好条件が揃う。ジープ島には最大13人まで宿泊可能なコテージがある。朝陽が昇ると共に起床し、海を眺め、海で遊び、木陰に吊るしたハンモックで昼寝し、食事を堪能し、そして満天の星空に抱かれ眠る。それは、多くのミクロネシアンと同じく、自然と共に生きる日々だ。コバルトブルーの海にぽっかり浮かぶ、真っ白いビーチに11本の椰子がそびえる小さな無人島で、「何もない贅沢」を体感しよう。

TRIP:01 Micronesia 25

Travel Information: :01

太平洋の湖に浮かぶ島
ジープ島

 Micronesia ／ミクロネシア

MAP:

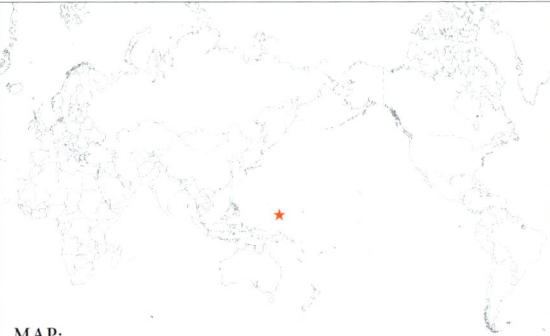

旅の予算
Budget

15万円〜
＜大人1名分の総予算＞

1

▶現地予算は本書
「プラン例」の目安料金
飛行機代、現地送迎、宿泊費、食事(朝3回、昼3回、夕3回)含む、燃油サーチャージ除く

行き方
How to get there

2

▶成田からチュークのウエノ島までの直行便はない為、グアムでの乗り継ぎが必要になる。成田を日曜日に出発する便が最も効率いい。しかし他の曜日でも充分にジープ島滞在ができるので、自身の都合によって決めよう。成田〜グアムは約3時間45分、グアム〜チュークは約1時間30分。チュークのウエノ島からボート乗り場まで車で約20分、そこからジープ島へはボートで約30分。

旅のシーズン
Best Season

3

▶年間の平均気温は約27℃とほとんど変化はないので、1年中泳ぐことが可能。1〜4月が乾期、5〜12月が雨期と分かれているが、基本的に年間を通じて雨が降りやすい環境だ。しかしここでの雨は、島を180度包むような見事な虹を描くことでも知られているので、「雨」もひとつの楽しみだ。

この旅のヒント
Hints for the trip

4

■ダイビングの聖地としても知られているジープ島周辺の海。第二次世界大戦の名残とも言える沈船が80隻もある。ダイビングライセンスがあるとより楽しい。
■島に2つあるコテージの収容人数は最大13名。8名以上であれば貸し切ることができる。気の合う仲間だけで貸し切って、夢のようなバケーションを過ごすのもオススメ。
■美しい環境を維持していく為、シャンプーや石鹸等は界面活性剤の入っていない環境に優しい物を使おう。コテージで準備されている物もあるが、事前に旅行会社に確認を。

1日目	夜	成田発〜グアム乗り継ぎ〜チューク（ウエノ）島着【ウエノ島泊】
2日目	午前	ボートにてジープ島へ
	午後	ジープ島【ジープ島泊】
3日目	終日	ジープ島【ジープ島泊】
4日目	終日	ジープ島【ジープ島泊】
5日目	午前	ボートにてウエノ島へ
	午後	チューク（ウエノ島）発〜グアム乗り継ぎ〜成田着

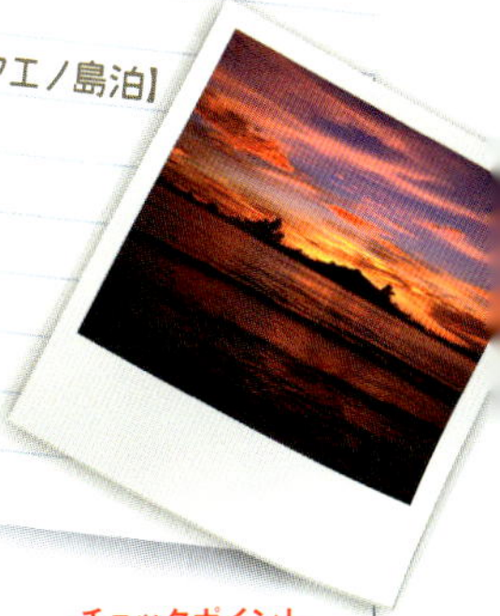

Check:1 ウエノ島　　　　　　　　　　　チェックポイント

チュークの玄関口となる島で、第二次世界大戦前は「春島」と呼ばれていた。島内にはダイビングショップやツアー会社、ホテルもあるので、ジープ島を1泊減らしてウエノ島で遊ぶのもあり。

Check:2 ジープ島　　　　　　　　　　　チェックポイント

蚊がいないこの島では、満天の星空に包まれながらビーチで眠ることができる。さざ波の音を聴きながら眠りにつき、徐々に顔を出していく朝陽で目覚める。自然と一体化できるオススメ体験だ。

Check:3 グアム乗り継ぎ　　　　　　　　チェックポイント

成田を火曜や木曜に出発すると、同日乗り継ぎができない為、8、9時間空港で待つことになる。椅子や床で寝て待つという選択肢もあるが、40ドルでラウンジを利用できるので、できればここで待機して、翌日からのジープ島に備えよう。

Check:4 キミシマ環礁　　　　　　　　　プラス1日あったら？

広大な環礁にポツリと顔を出す、背の低い無人島。キミシマブルーと言われる、蛍光色のような海に囲まれた島でランチを堪能したり、シュノーケルで熱帯魚たちと戯れたり。古来から継承されてきた原始の海を堪能しよう。

Check:5 グアム　　　　　　　　　　　　プラス1日あったら？

日本から一番近いアメリカの空気に触れることができる島。日本からの観光客も多い為、言語の心配なく気軽に旅行を楽しむことができる。ショッピングも充実しているので、無人島帰りにアウトレットを覗いてみるのもオススメだ。

[PLAY THE EARTH] ▶ www.play-the-earth.com

ジープ島滞在やバハマなどでイルカと泳ぐもの、加えてインドで象と泳ぐツアーなど、実際にスタッフが体験し、面白いと思ったものをツアーにしている旅行会社。もちろん個人手配も可能だ。スタッフの多くもジープ島に滞在した経験を持つので、気軽に相談してみよう。

TRIP::01 Micronesia　27

Australia
Hamilton Island

世界一の珊瑚礁地帯
グレートバリアリーフで出逢う奇跡の絶景

至極の絶景
「ハミルトン島」

オーストラリア北東岸。2,000km以上もの全長を持つ、世界最大の珊瑚礁地帯グレートバリアリーフ。その大きさから"宇宙から認識できる唯一の生命体"とも言われている。そのほぼ中央に位置するウィットサンデー諸島にあるハミルトン島は、唯一滑走路を備える島だ。また、アクティビティが最も多い島としても知られている。特筆すべきは、ここを拠点に出逢える素晴らしい絶景。まるで人工物のようなハート型の珊瑚礁"ハートリーフ"に加え、"ヒル・インレット"と呼ばれる河口部に堆積した白砂と碧い海水が混じりあって作られた縞模様は圧巻。どちらも水上飛行機からの眺めることになるが、ヒル・インレットから続く天国のビーチという名前が付けられた白砂の"ホワイトヘブンビーチ"には降り立つことが可能で、絶景の中で海水浴を愉しむことができる。奇跡とも言える自然が作り出した別世界へ。

Travel Information: 02

至極の絶景
ハミルトン島

 Australia／オーストラリア

MAP:

旅の予算
Budget

20万円〜
<大人1名分の総予算>

1

▶現地予約は本書「プラン例」の目安料金
飛行機代、現地送迎、宿泊費（2人部屋利用時の1人分料金）、3日目のツアー代含む、食費、燃油サーチャージ除く

行き方
How to get there

2

▶成田からハミルトン島まで直行便はない。オーストラリアのケアンズで乗り継いで行くことが一般的。成田〜ケアンズは約7時間40分、ケアンズ〜ハミルトン島は約1時間30分。

旅のシーズン
Best Season

3

▶南半球にあるオーストラリアは日本と季節が真逆になる。その為、春は9〜11月、夏は12〜2月、秋は3〜5月、冬は6〜8月となる。ハミルトン島へは1年を通して訪れることが可能だが、海の透明度が最も上がることから春がベストシーズンと言える。

この旅のヒント
Hints for the trip

4

▶成田からケアンズへの直行便で格安航空会社のジェットスターを使用する場合は、様々な条件があるので注意。エコノミークラスでは、いったん予約するとキャンセルできなかったり、荷物を預けることができない場合もあるので、事前に確認しておこう。

```
1日目  夜    成田発～ケアンズへ 【機内泊】
2日目  午前  ケアンズ発～ハミルトン島着
       午後  フリー 【ハミルトン島泊】
3日目  午前  遊覧飛行、ホワイトサンドビーチ
       午後  フリー 【ハミルトン島泊】
4日目  午前  ハミルトン島発～ケアンズ着
       午後  ケアンズにてフリー 【ケアンズ泊】
5日目  終日  ケアンズ発～成田着
```

Check:1 ハミルトン島　　　　　　　　チェックポイント

2日目の午後はホテルでのんびりもオススメだが、せっかくオーストラリアに来たのならば、固有の動物に会いに行こう。「koala gallery zoo／コアラギャラリーズー」では、コアラをはじめ、ウォンバット、カンガルーなどを見られる。コアラを抱っこしての記念撮影も可能なのでオススメだ。

Check:2 ケアンズ　　　　　　　　　　チェックポイント

グレートバリアリーフの玄関口として知られる街で、買い物も飲食ももちろん楽しめる。メインストリートとなるエスプラネード通りは地元民にも愛される海岸通り。カフェなどもあるので、のんびり散策を楽しもう。

Check:3 オーストラリアのお土産　　　ショッピング

ハミルトン島よりもケアンズの方が土産の種類が豊富だ。免税店をはじめ、チョコレートやワイン、天然由来のコスメ、先住民アボリジニの民芸品などを購入することができる。中でもチョコレートでコーティングされたビスケット「ティムタム」はかなり有名。

Check:4 マッドクラブ　　　　　　　　食事

ケアンズで食べておきたいのはマッドクラブ。ぎっしり詰まった身には贅沢な旨味が凝縮されている。また、オーストラリアの代名詞とも言える肉汁溢れるオージービーフのステーキも是非堪能したい。

Check:5 キュランダ　　　　　　　　　プラス1日あったら？

ケアンズから車で1時間ほどの場所にある、世界最古の熱帯雨林に囲まれた村。一帯が世界遺産に登録されている。村には工芸品のお店などがあるが、実はこの村へ行くために乗車する高原列車が一番のハイライト。素晴らしい熱帯雨林の景観を望むことができるのだ。

[ism] ▶ shogai-kando.com

北米、南米、オーストラリアなど多くの地域をカバーしている旅行会社ism。パッケージ旅行はもちろん、オーダーメイドにも対応している。一生に一度の感動の旅をプロデュースしてくれる頼れる存在。まずは気軽に問い合わせてみよう。

Thailand
Samui Island, Nang Yuan Island

タイ「サムイ島、ナンユアン島」

隠された宝石
白砂が繋ぐ奇跡の絶景

TRIP:03 Thailand 35

白砂が繋ぐ奇跡の絶景
「サムイ島、ナンユアン島」

タイ南部の東の沖に位置する"隠された宝石"と称されるサムイ。島全体が椰子の木々に覆われていることから"ココナッツアイランド"と呼ばれるタイで3番目に大きな島だ。環境に配慮し椰子の木よりも高い建物の建築を禁じている為、自然と建物との調和がとれ、美しい景観が保たれている。島東部に約7km続く"チャウエンビーチ"と並行して延びる海岸道路は活気に溢れ、夜まで絶えることなく賑やかだ。
他にも多くのビーチを抱くサムイ島では、高さ80mを誇るナムアンの滝や、海を眺めながらエレファントライディングなども楽しめる。
サムイ島を拠点として必ず訪れたいのが、3つの島が白砂のビーチで繋がるナンユアン島だ。サムイ島の北に位置し、ボートでアクセスできる。透き通るスカイブルーの海に抱かれた3島が、白砂で手を繋ぐ様子は絵に描いたような絶景。息を呑む美しさに身を委ねよう。島を覆うココナッツが南国情緒を更に盛り上げるサムイ島。自然が創造した奇跡の絶景を擁するナンユアン島。微笑みの国タイで出逢うふたつの島へ。

Travel Information: 03

白砂が繋ぐ奇跡の絶景
サムイ島、ナンユアン島

Thailand ／タイ

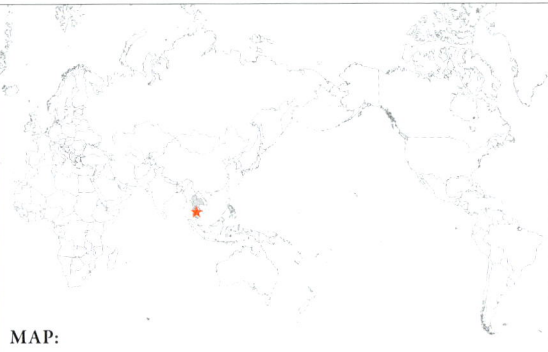

MAP:

1. 旅の予算 Budget

15万円～
<大人1名分の総予算>

▶現地予算は本書「プラン例」の目安料金
飛行機代、現地送迎、宿泊費、食事(朝3回)、現地ツアー代含む、燃油サーチャージ除く

2. 行き方 How to get there

▶成田からタイの首都バンコクまで直行便が運行している。そこからサムイ島まで国内線で移動することになる。成田～バンコクは約6時間30分、バンコク～サムイ島は約1時間。サムイ島からナンユアン島まではボートで約1時間。

3. 旅のシーズン Best Season

▶マレー半島東にサムイ島は位置する。その為、タイ本土やプーケットなどとは気候が異なるのが特徴だ。10～12月は雨量が多く、1、2月もスコールが降りやすい為、3～9月がベストシーズンと言える。

4. この旅のヒント Hints for the trip

■旅の重要なポイントとなるホテル選び。チャウエンビーチに近い方がなにかと便利だが、夜も賑やかなので、人によっては少々音が気になることも。静かな滞在を楽しみたい場合は、チャウエンとは少し離れた方が無難。

プラン例

1日目	終日	成田発～バンコク乗り継ぎ～サムイ着【サムイ島泊】
2日目	午前	ナムアンの滝、エレファント・ライディングツアー
	午後	フリー【サムイ島泊】
3日目	終日	ナンユアン島【サムイ島泊】
4日目	終日	フリー
	夕方	サムイ発～バンコク乗り継ぎ～成田へ【機内泊】
5日目	午前	成田着

Check:1 サムイ島 — チェックポイント
チャウエンビーチ沿いのストリートには、タイ料理はもちろん、フランスやイタリア料理のレストラン、カフェバーもあるし、足裏や全身マッサージもある。癒しのひとときを過ごすことができる。日中に自然を満喫したら、夜はでバーに繰り出して、賑やかな夜の街を楽しむのもオススメ。

Check:2 ナンユアン島 — チェックポイント
サムイ島から北にボートで約1時間30分に位置する。サムイ島からの日帰りツアーに参加する場合、ナンユアン島の東にあるタオ島の透明度の高い海で一泳ぎしてから向かう。島に到着し15分も歩けば、3島が繋がる絶景が目の前に広がる。

Check:3 南国フルーツ — 食事
フルーツパラダイスでもあるサムイ島。降り注ぐ南国の日射しと恵みの雨が、マンゴーやドラゴンフルーツ、パパイヤ、バナナ、パイナップルなどを元気に育てている。どれも新鮮なので、町中をぶらりとしながら甘い果実に舌鼓を打とう。

Check:4 パンガン島 — プラス1日あったら？
大小約40ものビーチを持つパンガン島。手つかずの美しい自然が残る島だが、パーティーアイランドとしても知られている。中でも満月の夜に開催される「フルムーンパーティー」は、それを目当てに世界中から音楽好きが集まるほど。音楽好きならば、一度は行ってみたい。

Check:5 バンコク — プラス1日あったら？
アジアを代表する大都市。寺院や王宮、宮殿などの観光はもちろん、タイ料理をはじめとする世界各国の料理やショッピングにエステと楽しみは尽きない。アジア1と言われる活気と喧噪に溢れる街を楽しもう。

[エス・ティー・ワールド] ▶ stworld.jp
日本を拠点としながらも、世界中にネットワークを持つ旅行会社。タイには現地支店もあるので、とても心強い。旅の日数や宿も含め、色々とアレンジできるので、まずは気軽に相談してみよう。豊富な種類のパッケージ旅行も魅力だ。

Maldives
Laamu Atoll

ラグジュアリー×エコの融合
インド洋に浮かぶ、極上リゾート

42 TRIP:04 Maldives

極上の島時間
「ラーム環礁」

インドの南西、南北820kmに渡って細長く点在するモルディブの島々。26ある環礁（＝円環状に広がる珊瑚礁）に大小合わせ、約1,200もの島が浮かぶ。その内、約100の島にリゾートが建つのだが、ほとんどが1島1リゾート制。その為、リゾートの目指すコンセプトがそのまま島の雰囲気に直結していることが特徴だ。そのひとつ「シックスセンシズ・ラーム」は、モルディブの玄関口マーレから飛行機で南に約50分のラーム環礁にある。極上のサービスはもちろんだが、建材から食材に至るまで徹底的に環境に負荷をかけないようにしているエコリゾートだ。モルディブの輝く海でのマリンアクティビティはもちろん、オーガニックの野菜を使用した食事、スパなど楽しみは尽きない。透けた底から海が見えるスケルトンバスタブや、ガラス張りのテーブルが置かれたデッキなど、海との一体感を追求した造りの水上ヴィラも、本当に素晴らしい。洋上に浮かびながら、美しい自然を全身で感じることができる、解放感溢れるリゾートだ。

Travel Information: 04

極上の島時間
ラーム環礁
Maldives／モルディブ

MAP:

旅の予算
Budget

25万円〜
＜大人1名分の総予算＞

1

▶現地予算は本書「プラン例」の目安料金
飛行機代、現地送迎、宿泊費（2人部屋利用時の1人分料金）、食事（朝3回）含む、燃油サーチャージ除く

行き方
How to get there

2

▶成田からモルディブの玄関口、マーレまでの直行便はない。スリランカのコロンボや、韓国のソウル、シンガポールなどで乗り継いでいくのが一般的だ。しかし便によっては同日にマーレに到着できないので、注意しよう。成田〜コロンボは約10時間、コロンボ〜マーレは約1時間30分。マーレからラーム環礁までは飛行機で約50分、ボートで約25分となる。

旅のシーズン
Best Season

3

▶常夏の楽園なので特に時期は選ばないが、シーズンは乾期（11〜4月）と雨期（5〜10月）に分かれている。ただ、最近のモルディブはあまり乾期、雨期がはっきりしていない。乾期でも雨が降ったり、雨期でも晴れたりすることも。比較的雨期の方が安く設定されるので、費用をなるべく抑えたい場合は雨期という選択肢もあり。

この旅のヒント
Hints for the trip

4

▶ラグジュアリーリゾートということ、そして中心地より遠く離れた島だけに、飲食代は決して安くない。もちろんメニューにもよるが、昼食と夕食を合わせて1人1日1万円前後はみておこう。

プラン例

1日目	終日	成田発～コロンボ乗り継ぎ～マーレ着
2日目	午前	マーレ発～ラーム環礁着、ボートにて移動【マーレ泊】
	午後	フリー　【ラーム環礁泊】
3日目	終日	フリー　【ラーム環礁泊】
4日目	午前	フリー
	午後	ボートにて移動、ラーム環礁発～マーレ着
	夜	マーレ発～コロンボ乗り継ぎ～成田へ
5日目	午前	成田着　【機内泊】

Check:1 マーレ　　　チェックポイント

モルディブの首都であり中心地。玄関口となる空港は厳密にはマーレのあるマーレ島ではなく、隣のフルレ島にある。そこを拠点として他の島へと出発するのだが、本書では乗り継ぎ上、マーレで1泊としている。その日はホテルでゆっくりと旅の疲れを癒すことに専念しよう。

Check:2 フリー　　　チェックポイント

フリーの過ごし方は人それぞれだが、水上ヴィラで海を眺めながらのんびりしたり、デッキから直接海へ飛び込んだり。他にもシュノーケルやダイビング、またサーフィンやカヌーなど多種多様なマリンアクティビティも楽しめる。

Check:3 リゾートでの食事　　　食事

リゾートの畑で育てたオーガニック野菜やハーブなどをふんだんに使用した絶品料理に加え、豊富な種類が揃う洋上ワインセラーや数十種類のアイスクリームなどが用意されている。レストランも洋上にあるので、食事をしながら野生のイルカが見られる可能性もある。

Check:4 SIX SENSES LAAMU　　　宿泊

タイを中心にアジア、中東に展開するラグジュアリーリゾート。快適性を損なうことなく、ラグジュアリーとエコを見事なまでに融合させたことで支持者が多い。ビーチヴィラと水上ヴィラが用意されているが、やはりここは"水上"での宿泊をオススメ。　▶ www.sixsenses.com/sixsenseslaamu

Check:5 SIX SENSES LAAMU　　　プラス1日あったら？

何日でも滞在したくなるリゾートなので、プラス1日どころか2日でも3日でも可能な限り追加したい。海遊びも満喫したいが、日がな一日ヴィラでのんびりというのもオススメしたい過ごし方だ。

旅の相談と手配先は？ Arranging the trip

[エス・ティー・ワールド]　▶ stworld.jp

日本を拠点としながらも、世界中にネットワークを持つ旅行会社。モルディブには現地支店もあるので、とても心強い。旅の日数や宿も含め、色々とアレンジできるので、まずは気軽に相談してみよう。豊富な種類のパッケージ旅行も魅力だ。

Italy
Sardegna Island

イタリア「サルデーニャ島」

南欧情緒に溢れる
地中海のエメラルド海岸

05

TRIP:05 Italy / 47

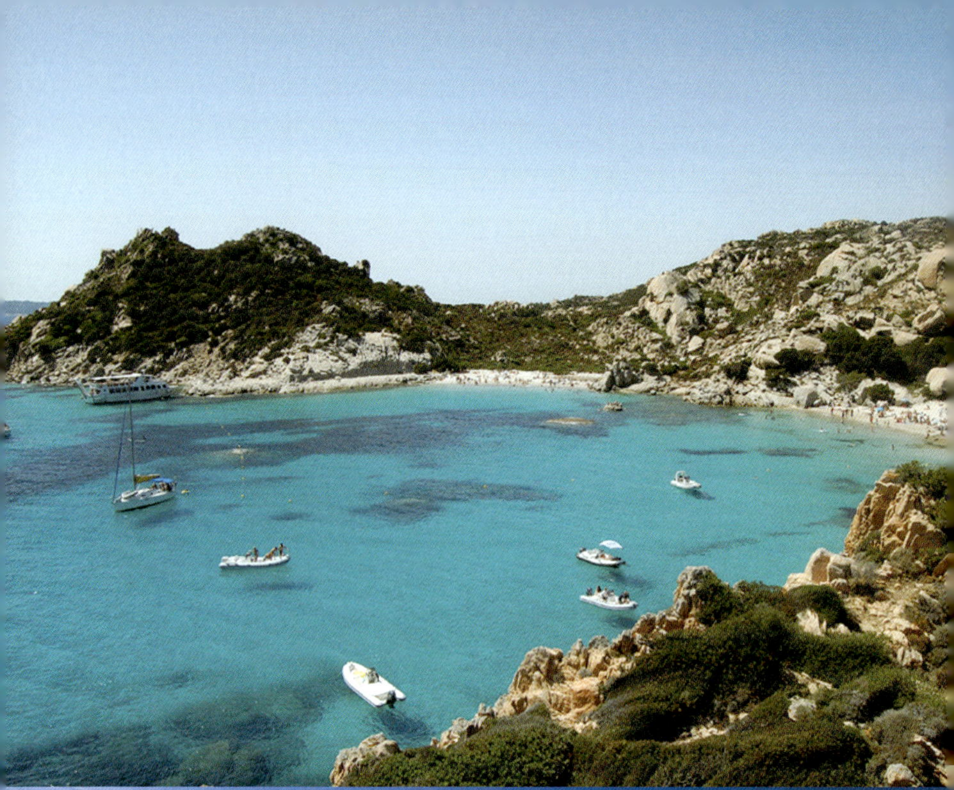

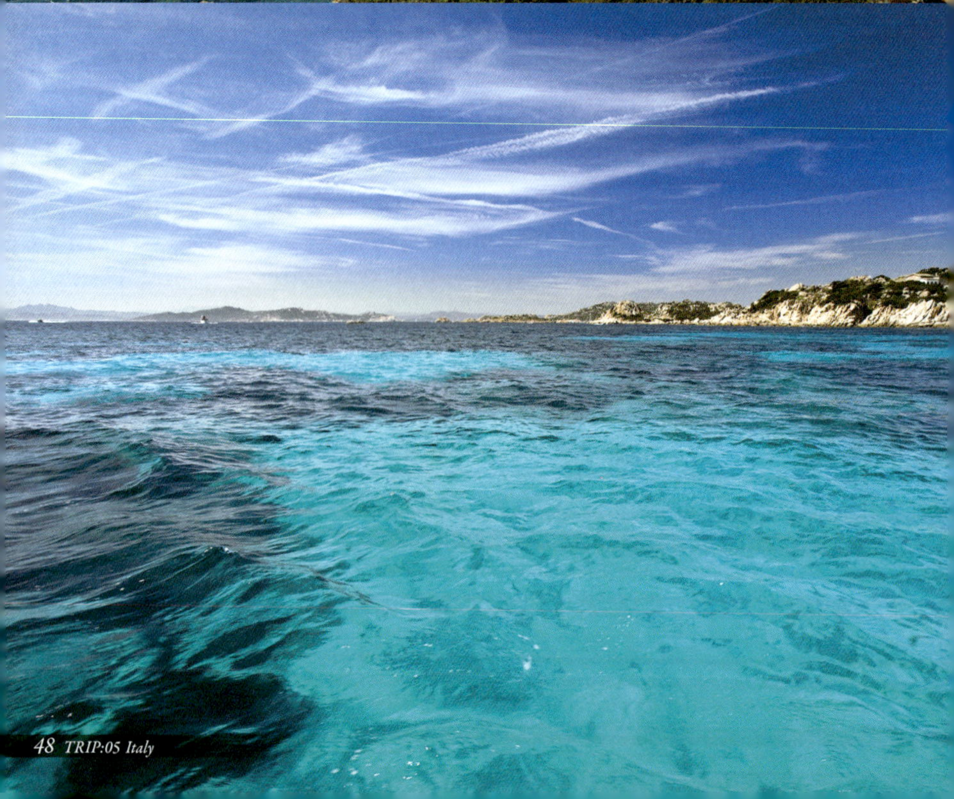

地中海のエメラルド海岸
「サルデーニャ島」

ヨーロッパ南部に位置する長靴のような形をした国、イタリア。その中部にある首都ローマの南西の沖合約400kmにサルデーニャ島はある。四国とほぼ同じサイズのこの島は、シチリア島に次いでイタリア第2位の大きさだ。日本ではあまり馴染みがないこのイタリアの島。北はヨーロッパ、南はアフリカに近いという土地柄から先史時代より人が定住していた。中世後半は都市国家に統治されてきたが、独特の文化を保ち、現代でもイタリア本土とは異なった雰囲気を漂わせている。北東部のポルトチェルヴォを中心に、コスタ・スメラルダ（エメラルド海岸）と呼ばれ、その水の色彩と透明度に驚嘆の声が上がっている。本書では空の玄関口オルビアの南に位置するサン・テオドロでの滞在をオススメしたい。素晴らしいビーチを擁する穏やかな雰囲気が、南欧ムードを盛り上げてくれる。エメラルド色に染まる海を眺めながら、地元の人々のようにのんびりとビーチホリデーを過ごそう。豊かな海産物を惜しげもなく使う南イタリア料理も楽しみのひとつ。ヨーロッパに浮かぶ"南の島"で極上のバカンスを。

Travel Information: 05

地中海のエメラルド海岸
サルデーニャ島
Italy／イタリア

MAP:

旅の予算
Budget

40万円〜
＜大人1名分の総予算＞

1

▶現地予算は本書
「プラン例」の目安料金
飛行機代、現地送迎、宿泊費
（2人部屋利用時の1人分料
金）、食事（朝3回）、燃油サー
チャージ含む

行き方
How to get there

2

▶成田からイタリアの首都ローマまで直行便が運行している。そこからサルデーニャ島までは国内線で移動することになる。成田〜ローマ約12時間50分、ローマ〜サルデーニャ島は約25分。到着するオルビアからサン・テオドロまでは車で約1時間。

旅のシーズン
Best Season

3

▶地中海性気候に属し、夏は暑く、春と秋は暖かい。ビーチを楽しみたいなら冬は外そう。6、9月は若干肌寒くなることもあるが、値段が下がる時期でもあるので、狙い目とも言える。7〜8月のハイシーズンは人気が高いだけに値段が上がる。

この旅のヒント
Hints for the trip

4

■サルデーニャ島は四国ほどの大きさがあるので、レンタカーがあると便利。島内はバスや電車等の交通機関もあるが、本数が少ないので若干不便。日本とは逆の右側通行なので運転には注意しよう。また、羊の放牧が盛んなので、羊が道を塞いでいることも。車でのスピードの出しすぎには注意しよう。

■ちょっと高級なレストランで食事をしたい場合は、女性はシンプルなワンピースなど用意するといいだろう。スタッフが写真を撮影しプレゼントしてくれるサービスもある。

プラン例

- 1日目　終日　成田発〜ローマ乗り継ぎ〜オルビア着【サン・テオドロ泊】
- 2日目　終日　フリー【サン・テオドロ泊】
- 3日目　終日　フリー【サン・テオドロ泊】
- 4日目　午前　オルビア発〜ローマ乗り継ぎ〜成田へ【機内泊】
- 5日目　午後　成田着

Check:1　コスタ・スメラルダ　　チェックポイント
「エメラルド海岸」と呼ばれる世界有数の美しい海岸線。そこに点在するビーチを求め、世界中の人々がバカンスの為に集う。自然を残した形でリゾート開発をしたため、緑も多く海水の透明度も保たれている。プールと見紛うほどの透明度を持つ海を泳ごう。

Check:2　サン・テオドロ　　チェックポイント
エメラルド海岸の一部、細長い白い砂浜「ラ・チンタ・ビーチ」で有名な海辺の町。ピンクフラミンゴをはじめとする珍しい野鳥が観察できるラグーンもある。伝統的な石造りの建物が残されているので、のんびり散歩するのも楽しい。夜はバーやナイトクラブで乾杯しよう。

Check:3　南イタリア・サルデーニャ料理　　食事
長寿の島とも称されるサルデーニャ。新鮮な野菜や魚介類に加え、羊飼いの島でもあるこの土地ならではの羊肉を使った料理が特徴的。粒状パスタの「フレーグラ」や、伝統菓子「セアダス」も試してみたい。

Check:4　珊瑚のアクセサリー　　ショッピング
サルデーニャ珊瑚は地中海でしか採ることができない貴重なもの。最高級品とされる赤珊瑚は"赤いゴールド"とも呼ばれる。それぞれの工房には腕利きの職人が多数いて、ネックレスやピアスなどの加工・製造は芸術的でレベルが高い。自分用のお土産にもオススメだ。

Check:5　サンタテレーザガッルーラ　　プラス1日あったら？
サルデーニャ最北端にある町で、オルビアからは車で1時間程度。対岸のコルシカ島を見渡すことができる。エメラルドグリーンの海のそばに築かれた赤い瓦屋根が立ち並ぶ小さな町。海と町が織り成す景色は壮観だ。

旅の相談と手配先は？　[ヨーロッパトラベル]　▶ www.europe-tr.com
"幸せと感動を呼ぶ旅"を作る為、オーダーメイドの旅にこだわり続ける旅行会社。そのおもてなしは超がつくほど手のこんだもので、旅行者のこだわりをとことん形にしてくれる強い味方。また、旅行中の緊急連絡先もある為、安心して旅を送ることができる。

Jamaica
Montego Bay

ジャマイカ「モンテゴベイ」

カリビアンブルーに輝く海
レゲエのリズムが溢れる島

06

54 TRIP:06 Jamaica

レゲエのリズムが溢れる島
「モンテゴベイ」

カリブ海に浮かぶ、ジャマイカ。秋田県とほぼ同様の面積をもつ島国だ。かのボブ・マーリーを輩出した地であり、レゲエ発祥の地としても知られている。その北西の海に面するのが、首都キングストンに次ぐ第2の都市、モンテゴベイ。透き通ったカリビアンブルーに輝く海が広がり、それだけで充分すぎるほど気持ちいいのだが、それに加え、町中に溢れるレゲエのリズムが、心をさらに開放してくれる。レストランやカフェ、バー、スーベニアショップはもちろん、建ち並ぶ家、走る車、路上…どこでもレゲエ音楽が流れているこのジャマイカ特有の陽気な空気が、心を解きほぐし、五感を癒してくれる。

さらにこの町では、カタマランと呼ばれる双胴船で沖へと漕ぎ出す"クルージング＆シュノーケリング"や、乗馬したまま海へと入っていく"乗馬ビーチライド"などをはじめとした様々なアクティビティを楽しむこともできる。

この町に暮らす老若男女が愛してやまない、カリブの楽園を堪能する旅へ。

Travel Information: 06

レゲエのリズムが溢れる島
モンテゴベイ
Jamaica／ジャマイカ

MAP:

1. 旅の予算 Budget
18万円〜
＜大人1名分の総予算＞

▶現地予算は本書「プラン例」の目安料金
飛行機代、宿泊費（2人部屋利用時の1人分料金）含む、食費、燃油サーチャージ除く

2. 行き方 How to get there
▶日本からモンテゴベイまで直行便はない。米国1都市又は2都市での乗り継ぎが必要となる。また便によっては米国での宿泊も必要となるので、なるべく同日にジャマイカに入ることができる羽田〜ニューヨーク、マイアミ乗り継ぎなどを利用しよう。

3. 旅のシーズン Best Season
▶常夏の島と呼ばれるほど、1年を通して暑い。1〜3月は比較的暑さが和らぐが、長袖を着用するほどではない。また、8〜10月頃がハリケーンシーズンとなるので、避けた方が無難だ。

4. この旅のヒント Hints for the trip
■5日間で旅するには、飛行機の選択が鍵となる。往路は同日に到着できるもの、帰路は＋1日で帰れる便にしなければ必然と現地滞在時間が少なくなってしまう。手配時は特に注意しよう。
■現地滞在時のアクティビティはあくまでも一例。他にも竹で作られたイカダで川をくだるラフティングや、植民地時代に築かれた館で幽霊に逢える!?噂のローズホール・グレートハウス見学、ジャマイカ特産のラム酒工場見学などもある。本章で紹介している旅行会社のサイトに様々なオプショナルツアーが掲載されているので、まずは一度覗いてみよう。

プラン例

1日目	終日	羽田発～米国2都市乗り継ぎ～モンテゴベイ着
2日目	終日	クルージング、乗馬ビーチライド【モンテゴベイ泊】
3日目	午前	ドクターズケーブビーチ 【モンテゴベイ泊】
	午後	フリー【モンテゴベイ泊】
4日目	終日	モンテゴベイ泊】
5日目		モンテゴベイ発～米国2都市乗り継ぎ～羽田へ【機内泊】
		羽田着

Check:1 ドクターズケーブビーチ　　チェックポイント

モンテゴベイのダウンタウンから車で約5分という好立地にあるビーチ。入場料が数百円かかるが、レストランや更衣室などのファシリティーに加え、パラソルやビーチチェアなどのレンタルも出来る。

Check:2 ジャークチキン　　食事

ジャマイカを代表する料理。特有の辛い"ジャークソース"に浸けられたチキンを炭火でじっくりと焦げ目が付くまで焼いたもの。暑い中で食す辛い料理は絶品。また、チキンならずポークバージョンもあるので、こちらも味わってみよう。

Check:3 BOHEMIAN JAMAICA　　宿泊

自由人・高橋歩が代表を務める会社 "PLAY EARTH" プロデュースの究極のスイートルーム「BOHEMIAN JAMAICA」。素敵な夕焼けに包まれる自慢のテラスで、ジャマイカ産のラムやビールを片手に、最高のバーベキューを、是非。▶ http://playearth.jp/

Check:4 オーチョリオス　　プラス1日あったら？

モンテゴベイに次ぐビーチリゾート。ここでは、世界でも珍しい「滝登り」を楽しむことができる。長さ200mほどの階段状になった滝を、滝壺から登っていく爽快アクティビティ。童心に戻って自然で遊んでみよう。

Check:5 ナインマイル　　プラス1日あったら？

レゲエの神様ボブ・マーリーの生まれ故郷であり、永遠の眠りについている場所。ボブが幼少の頃に使用していた部屋や大理石で作られた棺がある。ジャマイカの中で、最も身近にボブを感じることができるスポットだ。

旅の相談と手配先は？ Arranging the trip

[サンホリデー] ▶ www.sunholidaytraveltours.com

ジャマイカ国内の300以上のヴィラやホテルをはじめ、現地移動、現地オプショナルツアーの手配まで、すべて日本語で対応してくれる旅行会社。現地に日本人スタッフが常駐しているので、滞在中も非常に心強い。

New Caledonia
Ile des Pins

ニューカレドニア「イルデパン」

南洋杉の静寂と穏やかな海での寛ぎ
南太平洋に浮かぶ宝石箱

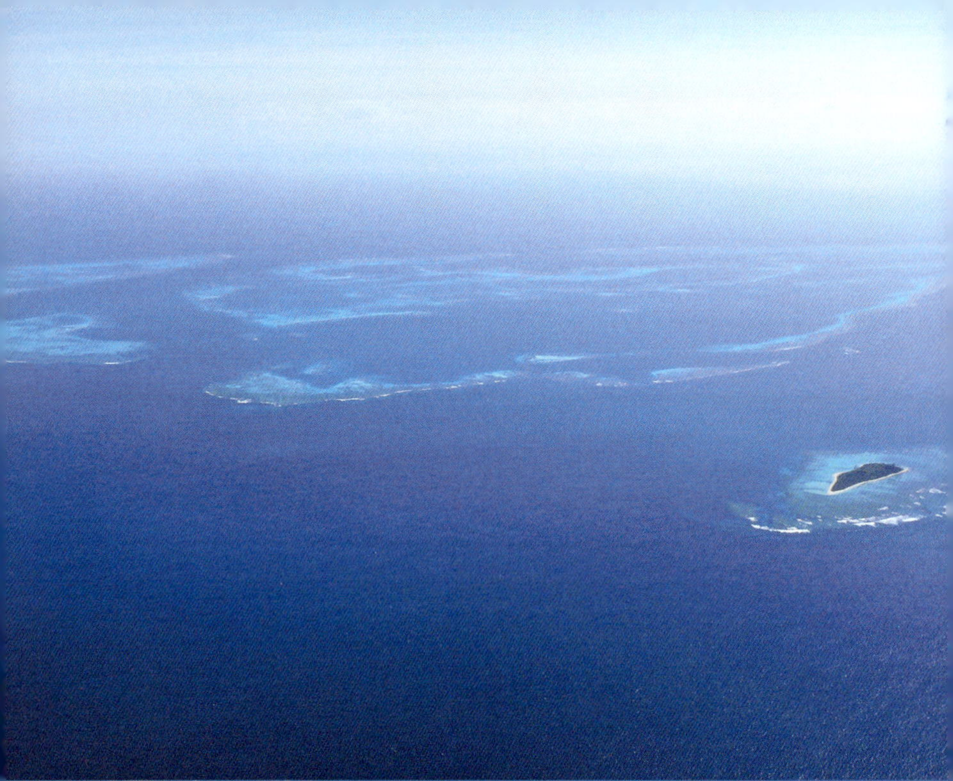

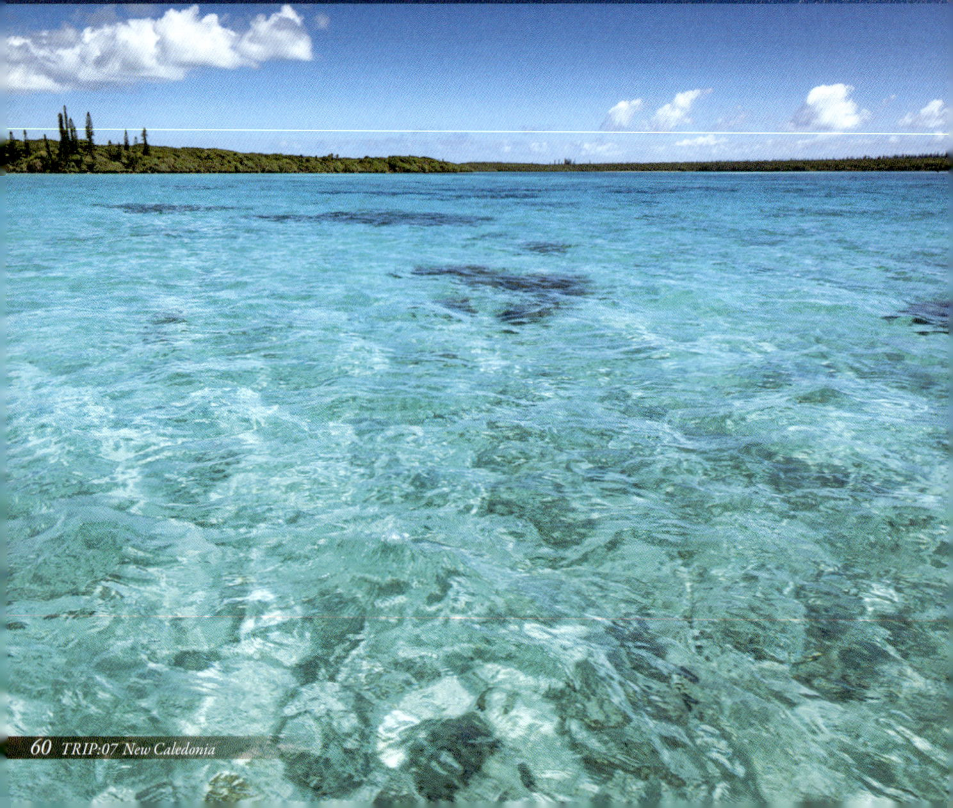

南太平洋の宝石箱
「イルデパン」

オーストラリアの東、ニュージーランドの北西に位置する、ニューカレドニア。その中心都市ヌーメアを擁する本島と、周辺に連なる島々で構成される国───。本島から飛行機で南東へ約30分。そこに浮かぶのが、「南太平洋の宝石」と称されるイルデパン島だ。南洋杉が醸し出す静寂とターキッシュブルーに染まる穏やかな海が、最高の寛ぎをプレゼントしてくれる。必ず訪れたいのは天然のプールと呼ばれる「ピッシンヌ・ナチュレル」。海と繋がりながらも"プール"と呼ばれる由縁は、隆起珊瑚によって外海から遮られてできているので、驚くほど波がない為だ。透明度抜群のこの"プール"で色とりどりの海洋生物に出逢おう。また、イルデパンで最も美しいと言われる「クトビーチ」も絶対に訪れたい。日射しによって刻一刻と変化する海の色を堪能しながら、海遊びを満喫しよう。

TRIP:07 New Caledonia

Travel Information: 07

南太平洋の宝石箱
イルデパン
New Caledonia／ニューカレドニア

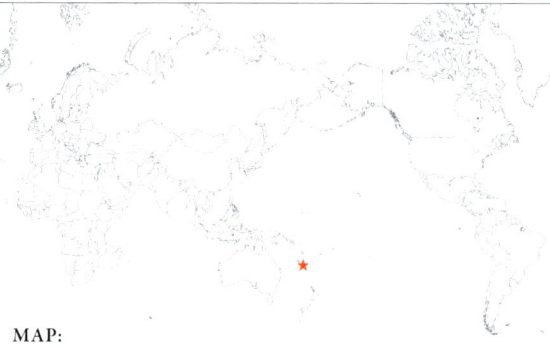

MAP:

1. 旅の予算 Budget

15万円〜
＜大人1名分の総予算＞

▶現地予算は本書「プラン例」の目安料金
飛行機代、現地送迎、宿泊費(2人部屋利用時の1人分料金)、食事(朝2回)、3日目のツアー代含む、燃油サーチャージ除く

2. 行き方 How to get there

▶成田からニューカレドニアの首都ヌーメアまで直行便が運行している。そこからイルデパンまでは国内線で移動することになる。成田〜ヌーメアは約8時間30分、ヌーメア〜イルデパンは約30分。

3. 旅のシーズン Best Season

▶一年を通して温暖な気候で、カラっとしていて過ごしやすい。その為、一年中オンシーズンだが、5〜10月は若干肌寒くなるため、11〜4月がベストシーズンと言えるだろう。

4. この旅のヒント Hints for the trip

■からっとした気候だけに油断してしまうが、やはり日射しは強い。日焼け・日除け対策を忘れずに。

プラン例

1日目	夜	成田発〜ヌーメアへ【機内泊】
2日目	朝	ヌーメア着、ヌーメア半日観光
	午後	ヌーメア発〜イルデパン着
3日目	終日	ピッシンヌ・ナチュレル【イルデパン泊】
4日目	午前	クトビーチ【イルデパン泊】
	午後	イルデパン発〜ヌーメア着【ヌーメア泊】
5日目	午後	ヌーメア発〜成田着

Check:1 ヌーメア チェックポイント
ニューカレドニアの玄関口であり、最大の都市。ダイビングやシュノーケル、ジェットスキーなどのマリンスポーツやフランスの薫り漂う町並なども楽しむことができる。地元の人々に愛される朝市は是非覗きたい。

Check:2 フランス料理 食事
フランスの影響を強く受けているニューカレドニア。その為、南国にいながらにして本場フランス料理を味わうことができる。フォアグラ料理やチーズ・フォンデュ、ブイヤベース、ムール貝の煮込みなどを堪能しよう。

Check:3 世界一の切手 ショッピング
海洋生物のデザインが魅力的なニューカレドニアの切手。中でも「タートル・シリーズ」は、フランスの切手専門雑誌にて世界一に選ばれたほどのもの。お気に入りの切手を見つけて、自宅に飾ってみては？

Check:4 ウベア島 プラス1日あったら？
小説から映画にもなった「天国に一番近い島」。この物語は、ヌーメアから飛行機で約35分の所にあるウベア島から着想されたもの。その美しさを天国と表現するのも納得の素晴らしい島だ。地中深くまで穴が空いた「アナワブルーホール」というものなど見所もある。

Check:5 ノンカウイ島 プラス1日あったら？
イルデパンの東南にある島「ノンカウイ」。最大の特徴は、干潮時に島から沖へと足跡ひとつないパウダーサンドの道が出現すること。まるで天国に導かれているかのような"幻の道"を歩けば幸せになるとも言われている。

旅の相談と手配先は？ Arranging the trip
[エス・ティー・ワールド] ▶ **stworld.jp**
日本を拠点としながらも、世界中にネットワークを持つ旅行会社。ニューカレドニアには現地支店もあるので、とても心強い。旅の日数や宿も含め、色々とアレンジできるので、まずは気軽に相談してみよう。豊富な種類のパッケージ旅行も魅力だ。

Indonesia
Bintan Island

夜空に舞う、幻想の光
海と密林が形成するリアウの宝石

08

TRIP:08 Indonesia 65

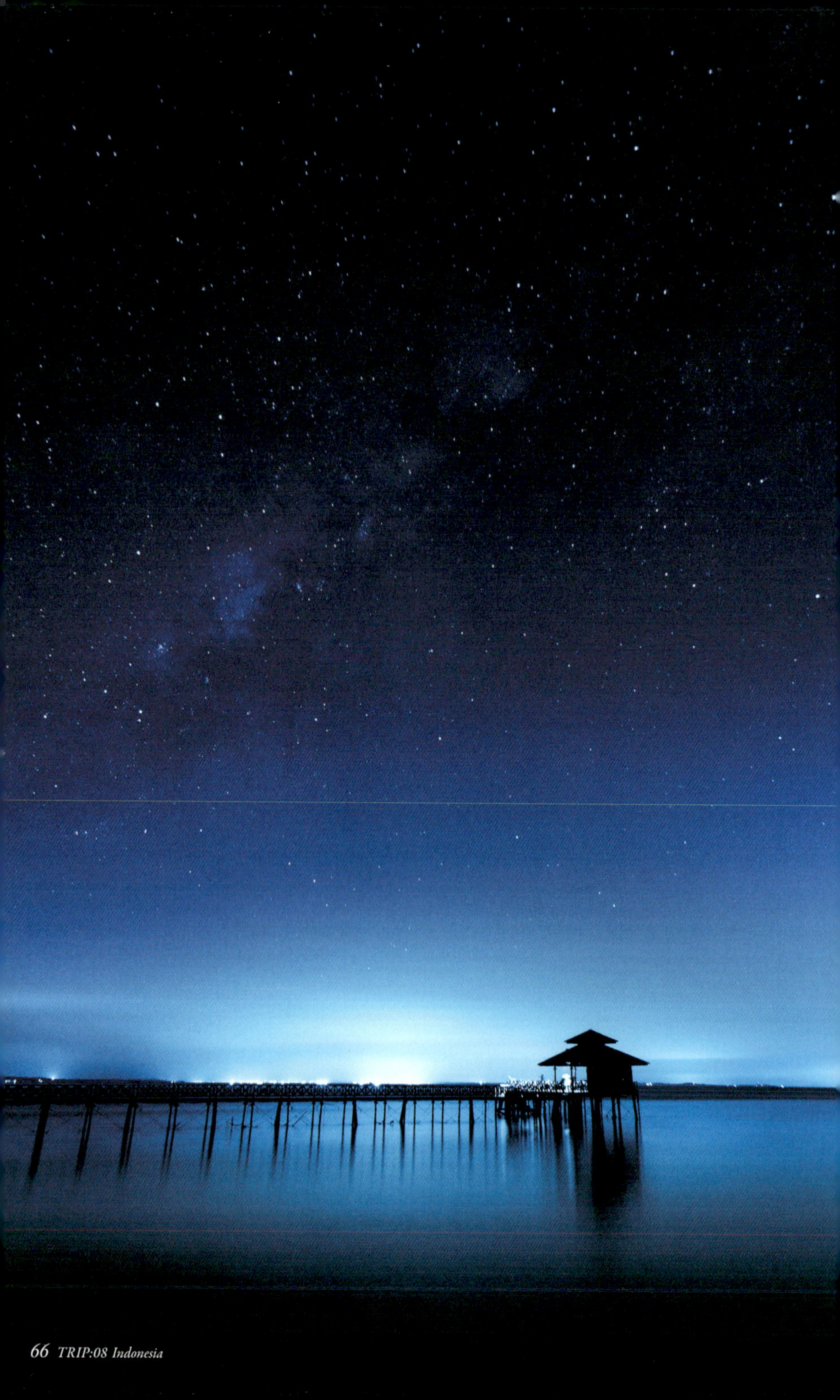

リアウの宝石
「ビンタン島」

世界一の島数を擁するインドネシアの北部、シンガポールからほど近い所にリアウ諸島はある。その主となるビンタン島は、リアウの宝石と称される美しい島だ。インドネシアに属してはいるが、隣国シンガポールからフェリーで約45分というアクセスの良さが最大の魅力。シンガポールとセットで訪れる人が多いのも納得だ。目指すは、島の北部にあるインドネシアとシンガポールの両国が共同開発したリゾート。真っ白な砂浜に椰子の木が空へと伸びる、南国情緒が溢れる場所だ。バナナボートやシーカヤック、パラグライダー、サーフィン、ボディーボードなどのマリンアクティビティはもちろん、島に広がるジャングルに流れる川を小型ボートで巡る"マングローブディスカバリーツアー"などを楽しむこともできる。夜には蛍の光が暗闇に彩りを与え、神秘の世界へと誘ってくれるのも嬉しいポイントだ。他にも象の曲芸を見ることができる"エレファントパーク"などもあるので、子連れでも存分に楽しむことができるだろう。リゾート滞在でゆったり寛ぐのもいいし、島の自然に身を委ねるのもいい。日中も夜も宝石のように輝く島を遊ぼう。

Travel Information: 08

リアウの宝石
ビンタン島

Indonesia ／インドネシア

MAP:

旅の予算
Budget

11万円〜
<大人1名分の総予算>

1

▶ 現地予算は本書「プラン例」の目安料金
飛行機代、現地送迎、宿泊費（2人部屋利用時の1人分料金）、食事（朝3回）、燃油サーチャージ除く

行き方
How to get there

2

▶ インドネシアの島だが、玄関口はシンガポールとなる。そこからフェリーでビンタン島に渡るのが一般的だ。成田〜シンガポールは約7時間30分、シンガポール〜ビンタン島はフェリーで約45分。シンガポールの空港からビンタン島へ向かうフェリー乗り場までは車で約15分。

旅のシーズン
Best Season

3

▶ 熱帯雨林気候に属し、年間の平均気温は27℃。4〜10月が乾期でベストシーズンと言われ、11〜3月が雨期となる。雨期と言っても1日降り続くことはないが、波が大きくなる場合があるので、避けた方が無難。

この旅のヒント
Hints for the trip

4

■ インドネシアの島だが、通貨はシンガポールドルがそのまま使える。シンガポールに到着したら、シンガポールドルにだけ両替しよう。

プラン例

1日目	終日	成田発～シンガポール着、着後、フェリーにて移動　【ビンタン島泊】
2日目	終日	フリー　【ビンタン島泊】
3日目	終日	フリー　【ビンタン島泊】
4日目	午前	フリー
	午後	フェリーにて移動、シンガポール観光
	深夜	シンガポール発～成田へ　【機内泊】
5日目	朝	成田着

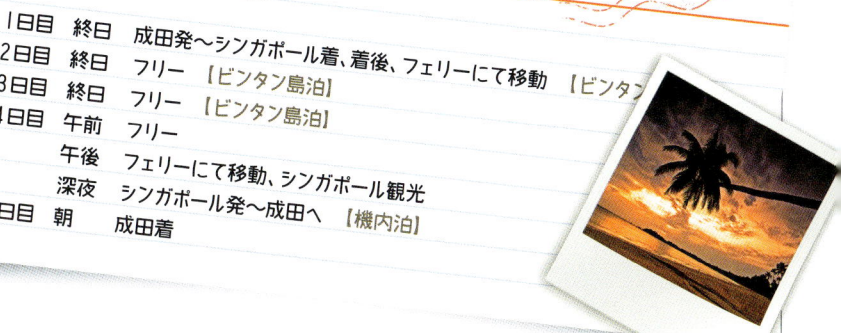

Check:1　マングローブディスカバリーツアー　チェックポイント

熱帯雨林のジャングルに流れる川を小さなボートで進んでいく。辺りを囲む鳥の声をBGMに蛇や猿などの野生動物と出会えることも。夜のツアーでは闇夜に光る蛍も見ることができる。ビンタン島の自然に身を委ねるネイチャーツアーを体験しよう。

Check:2　エレファントパーク　チェックポイント

スマトラ象がサッカーや計算などの見事な芸を披露してくれる。大きな象の躍動的な姿は新鮮だ。ショーの後は、布をかけた象の背中に座る「象乗り体験」も楽しみたい。小さな子どもでも象使いと一緒に乗れるので安心。象でゆくジャングル散歩へ。

Check:3　ゴンゴン貝　食事

ビンタン島やその周辺でしか取れない巻貝。シンプルに蒸したものを爪楊枝で引き出し、タレを付けて食べる。コリっとした食感が美味しいと評判で、ビールなどのアルコールにも相性抜群だ。漁が盛んなこの島では、他にもカニやエビ、魚など豊富なシーフードを楽しめる。

Check:4　エスニック雑貨　ショッピング

島内唯一のお土産屋が集まる市場「パサオレオレ」には、洋服やアクセサリー、お香などのかわいいエスニック雑貨が並んでいる。値段交渉も可能なので、値下げにもトライしてみよう。またリゾートホテルや、シンガポールの空港でも様々なエスニック雑貨を買うことができる。

Check:5　シンガポール　プラス1日あったら?

ガーデンシティとも呼ばれる美しい都市。観光客が後を絶たないのは、その過ごし方に無限のバリエーションがあるからだ。高級ホテルからテーマパーク、ショッピングモール、中華街での食べ歩き、世界最大級の水族館観光など、自分の楽しみ方を見つけよう。

旅の相談と手配先は? Arranging the trip

[H.I.S.] ▶ www.his-j.com

日本全国にあるH.I.S.の営業所にて旅の相談や手配が可能だ。シンガポールにも支店があるので、現地入りしてから困ったことなどがあった場合、すぐに連絡できるので心強い。日本でも現地でも頼りになる旅行会社だ。

United Arab Emirates
Dubai

アラブ首長国連邦「ドバイ」

世界一が密集する砂漠の大地
人類が創造した楽園

09

TRIP 09 United Arab Emirates '71

72　TRIP:09 United Arab Emirates

人類が創造した楽園
「ドバイ」

アラビア半島南東部、ペルシャ湾に面するアラブ首長国連邦。国土の大部分を砂漠が占める国だ。その北西部に半島最大の商業都市ドバイは位置する。ほんの半世紀前までは人口数千人ほどの小さな町だったが、開発を重ね続けた結果、現在では世界中からツーリストが集まる一大観光都市へと変貌を遂げた。"ドバイ"という名を世界に轟かせるに貢献した要因のひとつは、数々の「世界一」だろう。全長828mもの「世界一高いビル」"バージュ・カリファ"、全長333mの「世界一高いホテル」"ローズ・タワー"、椰子の樹を模した「世界一大きな人口島」"パーム・アイランド"、高さ150mにもなる「世界一高い噴水」"ドバイ・ファウンテン"…など、多くの世界一が密集しているのだ。それら世界一にふれること以外にも、四輪駆動車で地平線まで広がる道なき砂漠を走るツアーや、砂漠の国でのスケート、400m滑走可能な屋内スキー、世界最大級の水槽がある水族館、世界最大級のショッピングモール…など、魅力は尽きない。加えて白砂のビーチ"ジュメイラ・ビーチ"もあるので、海水浴を楽しむことも出来る。人類が創造した別世界、ドバイ。砂漠の大地に築かれた人口の楽園を舞台に遊ぶ5日間の旅へ。

TRIP:09 United Arab Emirates

Travel Information: 09

人類が創造した楽園
ドバイ

United Arab Emirates
／アラブ首長国連邦

MAP:

旅の予算
Budget

14万円〜
<大人1名分の総予算>

1

▶現地予算は本書「プラン例」の目安料金
飛行機代、現地送迎、宿泊費、食事（朝3回）、3日目のツアー代含む、燃油サーチャージ除く

行き方
How to get there

2

▶成田からドバイまで直行便が運行している。成田〜ドバイは約11時間15分。

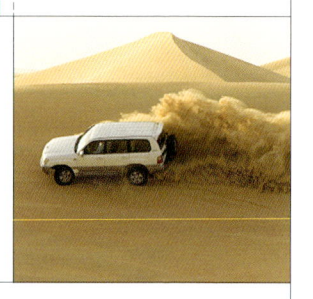

旅のシーズン
Best Season

3

▶大きく分けて夏（4〜10月）と冬（11〜3月）に分かれるドバイの気候。ベストシーズンは10〜4月。朝晩は若干肌寒くなることもあるが、それ以外の時期だと気温が50℃を超えることもあり、厳しい暑さになる。しかし「暑さ」を我慢できれば、ローシーズンとなる7〜9月はホテルの値段が下がるので、お得な時期と言える。

この旅のヒント
Hints for the trip

4

■イスラム教を信仰しているドバイ。特に女性は肌を露出しない（海水浴時を除く）ように気を付けよう。また、異性へ握手を求めることや、写真を勝手に撮るのも避けたい。
■本書のプラン例はあくまで一例だ。ホテルでゆっくり過ごしてもいいし、ショッピングモールを数日巡るのも、アクティビティに興じるのも、すべて自由。最高の過ごし方を考えよう。

プラン例

1日目	夜	成田発〜ドバイへ【機内泊】
2日目	早朝	ドバイ着
	午前	ショッピングモール【ドバイ泊】
	午後	ジュメイラ・ビーチ
	夜	ドバイ・ファウンテン
3日目	終日	砂漠ツアー【ドバイ泊】
4日目	午前	セスナ機ツアー
	午後	バージュ・カリファ
	深夜	ドバイ発〜成田へ【機内泊】
5日目	夕方	成田着

Check:1 バージュ・カリファ　　チェックポイント

高さ828mという世界一の高さを誇るビル。中にはホテルやブティック、レストランなどが入っているが、訪れたいのは、高さ442m、124階に位置する展望台「アット・ザ・トップ」。湾岸エリアから、遥か地平線まで続く砂漠を望むことができる。

Check:2 ドバイ・ファウンテン　　チェックポイント

バージュ・カリファの麓にある人造湖「バージュ・レイク」。そこを舞台に毎晩巨大な噴水ショーが行われている。音と光に合わせて舞う噴水はラスベガスのそれを凌ぐ迫力とも言われ、必見だ。また無料というのも嬉しいポイント。

Check:3 人口島　　チェックポイント

宇宙から見えるとも言われるドバイの沖合に作られた人工島。椰子の樹を模した「パーム・ジュメイラ」、「パーム・ジェベル・アリ」に加え、世界地図を模した「ザ・ワールド」などがある。セスナ機ツアーに参加すればその姿を上空から眼下に眺めることができる。

Check:4 砂漠ツアー　　チェックポイント

ドバイの郊外に広がる砂漠。そこを四輪駆動車に乗って、砂丘が生み出すアップダウンなどを縦横無尽にドライブするツアーがある。らくだに乗れたり、砂漠でのBBQディナーがセットになっているものも。砂漠の国ならではの体験を楽しもう。

Check:5 ショッピングモール　　ショッピング

買い物好きの天国、ドバイ。50以上ものショッピングモールがある。中でも巨大モールと言われる「ドバイ・モール」には、1,000以上もの店が軒を連ねている。それぞれのモールには水族館があったり、スキー場があったり、エンターテイメント性も抜群だ。

[Five Star Club] ▶ www.fivestar-club.jp

世界中を手配範囲とする旅行会社。多種多様なテーマでのパッケージツアーに加え、オーダーメイドももちろん手配OK。Five Star Clubがプロデュースするこだわりの旅は、とても魅力的。まずは、気軽に連絡するところから始めてみよう。

Hawaii, USA
Hawaii Island,
🇺🇸 アメリカ・ハワイ「ハワイ島」

地球の鼓動を感じる大自然
魂をゆさぶるビッグ・アイランド

10

TRIP:10 Hawaii, USA 77

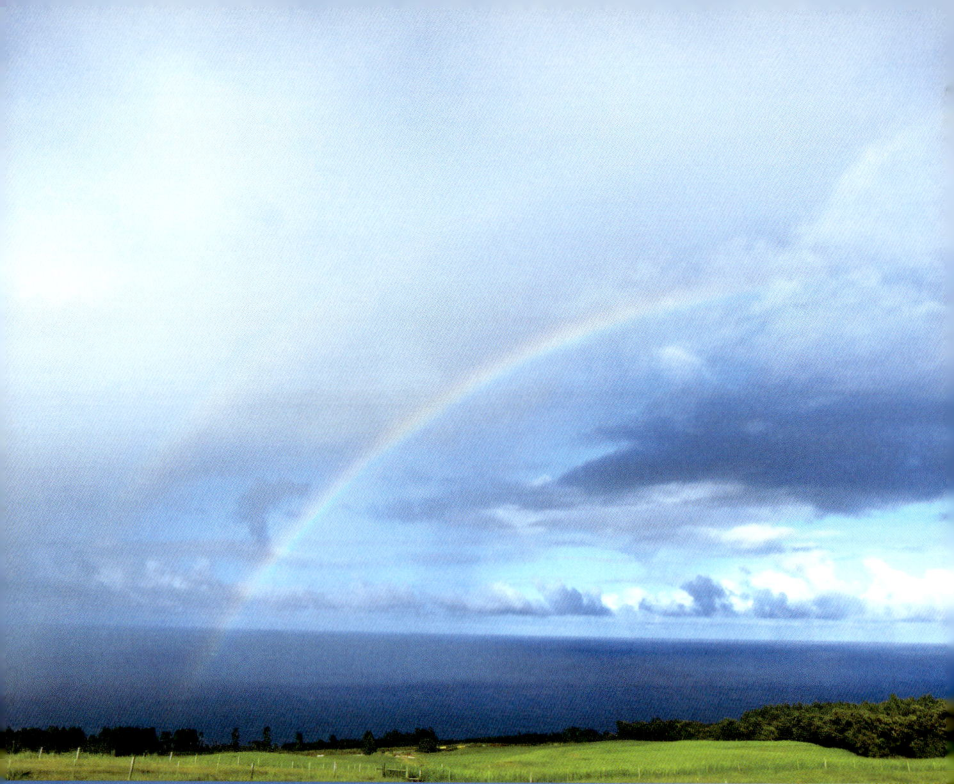

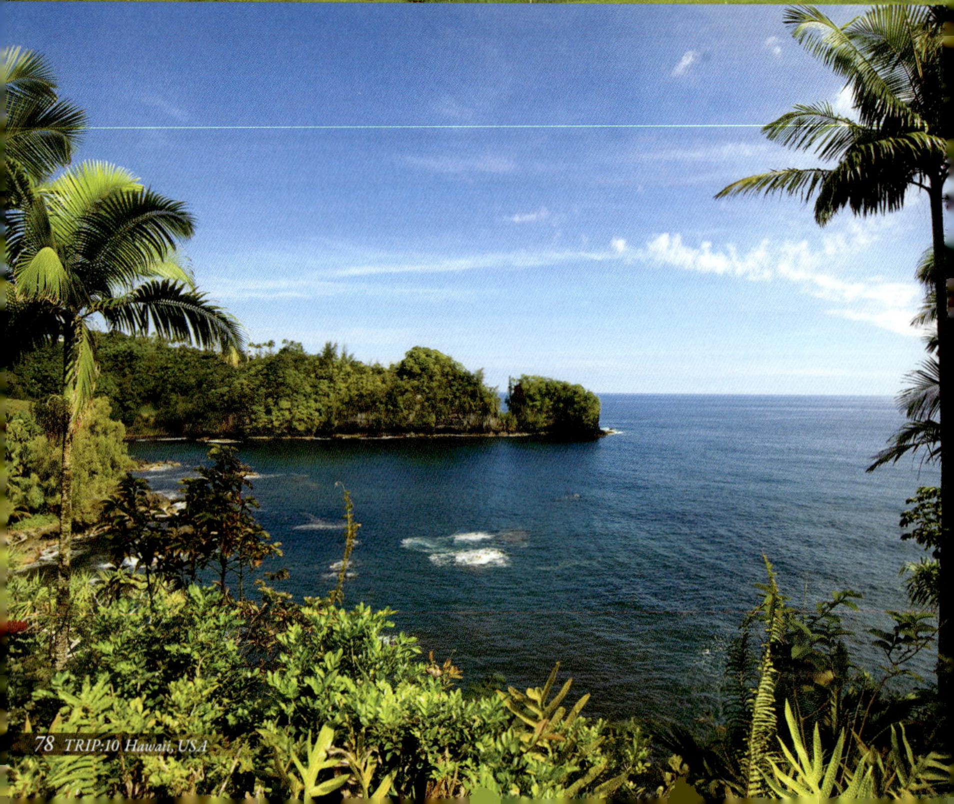

地球の鼓動を感じるビッグ・アイランド
「ハワイ島」

太平洋に一直線に浮かぶ19の島々。アメリカ合衆国50番目の州、ハワイ諸島だ。その南部に位置するハワイ島は同諸島最大の面積を誇ることから"ビッグ・アイランド"という愛称で親しまれている。

ハワイ島最大の魅力は多様な自然。富士山よりも高い標高4,200mの山"マウナケア"では雲海とコラボレーションするサンセットと満天の星空を眺め、島西部の沖では遭遇率99%とも言われる好奇心旺盛な野生のイルカと泳ぎ、島南部では他に類を見ない緑に輝く"グリーンサンドビーチ"で奇跡の色彩に触れることができる。

他にも白砂ビーチで南国を満喫したり、カジキ釣りへと漕ぎ出したり、活火山を眺め地球の鼓動を体感したり…と、楽しみ方は無限大だ。また、ハワイ島は世界でも有数のパワースポットとしても知られているので、大地から溢れるエネルギーも感じることができるだろう。

ダイナミックな自然と一体化し、地球のパワーを受け取る旅へ。

Travel Information: 10

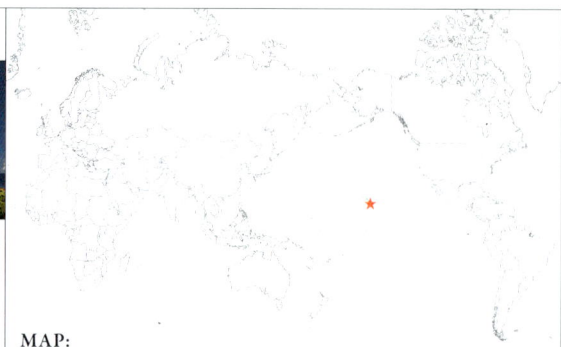

地球の鼓動を感じるビッグ・アイランド
ハワイ島
Hawaii, USA
／アメリカ・ハワイ

MAP:

旅の予算
Budget

22万円〜
＜大人1名分の総予算＞

1

▶現地予算は本書「プラン例」の目安料金
飛行機代、現地送迎、宿泊費（2人部屋利用時の1人分料金）、2、3日目のツアー代含む、食費、燃油サーチャージ除く

行き方
How to get there

2

▶成田からハワイの玄関口オアフ島・ホノルルまで直行便が運行している。そこからハワイ島のコナまでは国内線で移動することになる。成田〜ホノルルは約7時間、ホノルル〜コナは約45分。

旅のシーズン
Best Season

3

▶地球上に存在する13の気候のうち、11もが存在すると言われているハワイ島。海辺で夏の陽気を味わったかと思えば、山へ行けば冬のような寒さに。いずれにせよ、基本は常夏と考えて問題ないが、夏服に加え、薄手の防寒具を持参しよう。12〜3月が比較的雨が多い時期となるが、基本的には1年中シーズンと考えて問題ない。

この旅のヒント
Hints for the trip

4

■1日目は日付変更線を越えることから、同日の午前中にコナに到着することになる。その為、初日から遊ぶことが可能だ。
■ドルフィンスイムは初心者も泳げない人も心配無用。泳げない人は浮き輪をつけてプカプカと漂いながらイルカと遊ぶことができる。
■サンセット及び星空観賞は高地なので、とても寒くなる。南の島と油断せずに防寒具を用意しよう。旅行会社が防寒具貸し出しサービスを行っている場合もあるので、事前に確認を。

プラン例

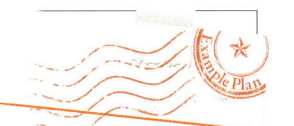

1日目	終日	成田発〜ホノルル乗り継ぎ〜コナ着
	午後	フリー　【ハワイ島泊】
2日目	午前	ハプナ・ビーチ
	午後	マウナケアサンセット&星空観賞　【ハワイ島泊】
3日目	午前	ドルフィンスイム
	午後	グリーンサンドビーチ　【ハワイ島泊】
4日目	終日	コナ発〜ホノルル乗り継ぎ〜成田へ　【機内泊】
5日目	午後	成田着

Check:1　ハプナ・ビーチ　　チェックポイント

島の北西部のコハラコーストに位置する、全米 No.1 に輝いた実績を持つビーチ。ハワイ島の中でも晴天率が高いことでも知られ、気軽に訪れることができる。トイレやシャワーを完備し、また監視員もいるので、安心して海水浴を楽しむことが可能だ。

Check:2　マウナケアサンセット&星空観賞　チェックポイント

海底からの高さは1万mを超える世界最高峰の山マウナケア。晴天率が高く、周囲に光がないことから、世界で最も星空観賞に適した山と言われている。標高約4,200mの山頂まで車で行くことができる。そこから眼下に望む雲海と極上のサンセットを堪能しよう。

Check:3　グリーンサンドビーチ　　チェックポイント

島の南端、ラ・カエ岬から北東に徒歩で約1時間。そこには目を疑うような緑色が美しいビーチが存在する。8月の誕生石ペリドットの原石、カンラン石の結晶が白砂に混じることによって誕生した世にも珍しいビーチを訪れよう。

Check:4　ビッグアイランド・キャンディーズ　　ショッピング

ハワイ産の材料に拘って作られたお菓子で、その味のためだけにハワイ島を再訪したくなるとも言われている。商品名はキャンディーズだが、実はクッキー。ハワイ諸島の中でもハワイ島限定のものなので、自分用にも買いたいオススメの土産だ。

Check:5　オアフ島　　プラス1日あったら?

ショッピングも観光も気軽に楽しむことが出来る島。一時代を風靡した「この木なんの木気になる木」の木も、ここオアフ島のモアナルア・ガーデンで見ることができる。中心の街ワイキキでは、ほとんどの所で日本語が通じるので、特に快適に散策を楽しめる。

旅の相談と手配先は?　Arranging the trip

[Maikai Ohana Tours] ▶ www.maikaiohana.com

ハワイ島西部のヒロに拠点を置く旅行会社。旅の手配から相談、ワンポイントアドバイスまですべて日本語で対応してくれる。ハワイ島の隅から隅まで知り尽くしているので、とても頼りになる存在だ。本書で紹介した以外にも魅力的なツアーを取り扱っている。

Cook Islands
Rarotonga Island, Aitutaki Island

クック諸島「ラロトンガ島・アイツタキ島」

ポリネシア文化が色濃く残る島
太平洋に浮かぶ、秘密の楽園

TRIP:11 Cook Islands 83

84 TRIP:11 Cook Islands

秘密の楽園
「ラロトンガ島、アイツタキ島」

南太平洋、ニュージーランドの北西に浮かぶ、クック諸島。15の島からなるニュージーランド領の島々だ。主島は周囲30kmほどのラロトンガ島。その美しさから「太平洋の真珠」と呼ばれている。ターコイズブルーに染まるラグーンを纏うこの島には、いくつものビーチがあり、中でも島一番と言われている"ムリビーチ"では、様々なマリンスポーツが楽しめる。ラグーンの外で潜る本格ダイビングから、グラスボトムボートに乗船して海中の様子を眺められるものまでが揃う。他にもラグーン内の小島を巡るクルーズや、豊かな緑の中を巡るサファリツアー体験が可能だ。また、クック諸島を訪れるからには外せないのがアイツタキ環礁。ラロトンガ島から飛行機で約50分に位置するそのエリアには、海が描く極上の絶景が広がっている。彼方まで続く浅瀬に太陽光が反射して輝くその姿は、まるで海が光を放っているようで、とても神秘的だ。ラロトンガとセットでアイツタキにも訪れよう。
日本からの旅人が圧倒的に少ないことから「秘密の楽園」とも呼ばれるクック諸島。ゆったりとした時間に身を委ね、喧噪とは無縁の滞在を過ごしたい。

Travel Information: 11

秘密の楽園
ラロトンガ島・アイツタキ島

Cook Islands／クック諸島

MAP:

旅の予算 Budget

27万円〜
＜大人1名分の総予算＞

1

▶現地予算は本書「プラン例」の目安料金
飛行機代、現地送迎、宿泊費（2人部屋利用時の1人分料金）、食事（朝2回）、3日目のツアー代含む、燃油サーチャージ除く

行き方 How to get there

2

▶成田からラロトンガ島までの直行便はない。ニュージーランドのオークランドで乗り継いでいくのが一般的だ。成田〜オークランド約11時間、オークランド〜ラロトンガは約4時間。アイツタキ島へ行く場合は、ラロトンガ島から飛行機で50分。

旅のシーズン Best Season

3

▶年間を通して温暖だが、南半球の冬となる5〜11月は、夜間早朝に肌寒くなるので長袖が必要になる。晴天が多い7〜9月がベストシーズンと言われるが、若干肌寒いことも。12〜4月はハリケーンシーズンでもあるが、暖かさを優先するならこの時期がオススメだ。

この旅のヒント Hints for the trip

4

■ラロトンガ島内の移動はバスが便利。島を時計周りと、反時計周りで走っている。日曜日は休みとなるので注意しよう。
■レンタカーで島を走りたい場合は、国際免許証ではなくクック諸島の免許証が必要。警察に申請すれば1時間程度で1年間有効の免許証をもらえる。24時間限定のテンポラリー免許なら、レンタカー店でも取得が可能だ。

プラン例

1日目	終日	成田発～オークランド乗り継ぎ～ラロトンガ着 【ラロトンガ泊】
2日目	終日	テバラヌイビレッジ 【ラロトンガ泊】
3日目	終日	アイツタキ島 【ラロトンガ泊】
4日目	日中	フリー
	深夜	ラロトンガ発～オークランドへ 【機内泊】
5日目	終日	オークランド発～成田着

Check:1 テバラヌイビレッジ　　チェックポイント

クック諸島の薬草、魚釣りの技術、彫刻や織物などの職人技を見学する伝統的な文化体験ができる。また、夜には郷土料理を食べながら伝統的なダンスを見られるアイランドナイト「ウラボー」があり、力強い男性のダンスと妖艶な女性のダンスに心躍ることだろう。

Check:2 アイツタキ島　　チェックポイント

緑が生い茂るアイツタキ本島とそれを縁取る真っ白な砂浜、点在する小さな無人島の数々、そして全体を大きく囲むターコイズブルーのラグーンはまさに絶景。ラロトンガ島から日帰りも可能だ。ラグーンクルーズでは間違いなく夢の様な風景に出合える。

Check:3 伝統料理ウムカイ　　食事

地上に掘った穴に焼いた石を入れて、バナナの葉っぱで包んだ魚や肉を蒸す料理。クルーズなどのツアーのランチで食べられる。クック島の伝統料理を堪能しよう。

Check:4 プナンガヌイカルチュラルマーケット　　ショッピング

土曜日の朝から開かれる市場で、生鮮食品はもちろん、木彫りの彫刻や手織りの布などの民族工芸品、衣料、アクセサリーを購入でき、ジャンクフードから郷土料理も食べられる。島の花を使ったアロマオイルや石鹸も人気。

Check:5 オークランド　　プラス1日あったら?

乗り継ぎ地となるニュージーランド最大の都市オークランドにも是非立ち寄って遊びたい。市内全体を見渡せる山「マウントイーデン」や、土産屋や飲食店、免税店などが並ぶ中心の目抜き通り「クイーンストリート」、南半球一高い「スカイタワー」など見所も多い。

[PNGジャパン] ▶ cookislands.travelworkshop.jp

情報の少ないラロトンガ島、アイツタキ島に精通する数少ない頼れる旅行会社。手配はもちろん、相談も気軽にできるので、とても頼りになる存在だ。ラロトンガ島、アイツタキ島以外にもパプアニューギニアなどを得意としている。まずは見積もりから、気軽に連絡してみよう。

Malaysia
Redang Island

マレーシア 「レダン島」

ジャングルを囲む豊穣の海
珊瑚に囲まれた秀麗な島

12

TRIP:12 Malaysia

90 TRIP:12 *Malaysia*

豊穣の海に囲まれた島
「レダン島」

タイより南へと細長く続くマレー半島。国境を挟んで北にタイ、南にマレーシアが位置する。その東の沖合45km、そこに蝶を彷彿させる形をしたレダン島が浮かぶ。東西に約5km、南北に約8kmという小さい面積ながら、豊かな環境資源で旅行者を魅了し続けている島だ。珊瑚に囲まれたこの島の周囲は、1991年に海洋保護区に指定され、およそ3,000種を超える海洋生物、そして取り巻く環境を国が手厚く守っている。その甲斐もあって海の透明度は抜群で、シュノーケルやダイビングに最適な海となっている。水中世界へと繰り出せば色彩豊かな熱帯魚の楽園が広がり、海ガメとの遭遇も期待できる。島の海岸線を除く部分は、ほとんどが密林に覆われたジャングル。そして舗装された道は一本だけということからも自然が守られていることを実感できるだろう。ブキッベサルという標高359mの山の頂に登れば、島を縁取るエメラルドグリーンの海と深緑の樹々、そして澄んだ青空が織り成す絶景も望むことができる。真っ白な砂浜に、透明度の高い遠浅の海を、ココナッツジュース片手に堪能する日々。マレーシアで最も美しいと呼ばれる島で過ごすアジアの休日を。

TRIP:12 Malaysia

Travel Information: 12

豊穣の海に囲まれた島
レダン島

Malaysia／マレーシア

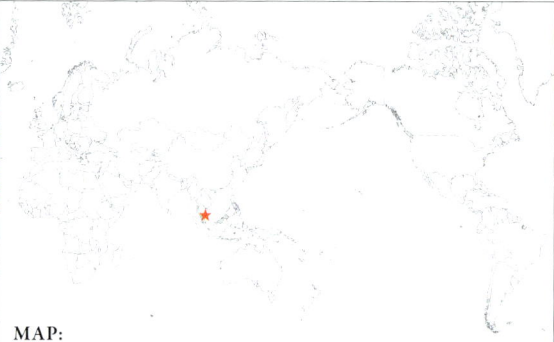

MAP:

旅の予算
Budget

15万円〜
<大人1名分の総予算>

1

▶ 現地予算は本書「プラン例」の目安料金
飛行機代、現地送迎、宿泊費（2人部屋利用時の1人分料金）、食事（朝2回）、3日目のツアー代含む、燃油サーチャージ除く

行き方
How to get there

2

▶ 成田からマレーシアの首都クアラルンプールまで直行便が運行している。そこからレダン島までは国内線で移動することになる。成田〜クアラルンプールは約7時間15分、クアラルンプール〜レダンは約1時間。

旅のシーズン
Best Season

3

▶ 一年中暖かい熱帯雨林気候で、ベストシーズンは天候が安定する4〜9月。雨季となる11〜3月はモンスーンの影響を受け、海が荒れることが多い。リゾートが一時閉鎖するケースもあるので、注意しよう。また、6〜9月が海ガメの産卵時期にあたるので、海中で2mを超す大物に遭遇できる可能性が高くなる。

この旅のヒント
Hints for the trip

4

■ 本レダン島周辺は海洋保護区に指定されているため、一般開放されているビーチ以外の区域内への立ち入りやフィッシングなどは禁止されている。ホテルスタッフやインストラクターの指示に従おう。

プラン例

1日目 終日 成田発〜クアラルンプール着 【クアラルンプール泊】
2日目 午前 クアラルンプール発〜レダン島着
　　　午後 フリー 【レダン島泊】
3日目 終日 マリンパーク 【レダン島泊】
4日目 午前 ブキッベサル
　　　午後 レダン島発〜クアラルンプール乗り継ぎ〜成田へ 【機内】
5日目 朝 成田着

Check:1 マリンパーク　　チェックポイント
シュノーケリングなどを楽しめるマリンアクティビティスポット。港から船で約10分の位置するピナン島にある。ホテルなどで送迎付きのツアーに申し込むことが可能だ。浅瀬のサンゴを守るために、ライフジャケットを身につけることが義務化されている。

Check:2 マレーシア料理　　食事
国教はイスラム教だが、複数の民族が暮らしている為、マレー、中華、インド、マレーと中華が合わさったニョニャ料理など様々。主食は米で、唐辛子やレモングラス、ターメリックなどスパイスをふんだんに使用しているのが特徴だ。マレー風焼き鳥やナシゴレンが有名。

Check:3 ボーティ　　ショッピング
マレーシア産の紅茶。クアラルンプールから北に150kmの所にあるキャメロンハイランド高原の自家農園内で茶摘みから包装まで行っている。高級品やハーブ、フルーツフレーバーなど様々な種類がある。パッケージも可愛らしく、「美味しい」と人気のお土産になっている。

Check:4 ペルヘンティアン島　　プラス1日あったら?
超穴場と言われ、珊瑚礁が美しい海洋保護区の島。ブサとクチルの2つの島からできている。ブサにはリゾートがあり、クチルには小さな漁村にコテージが並ぶ。本土からフェリーで渡るのが一般的だが、6人集まればレダン島からはボートをチャーターして行くことができる。

Check:5 ランテンガ島　　プラス1日あったら?
ペルヘンティアン島とレダン島の間に浮かぶ島で「青い珊瑚礁の島」と呼ばれている。その名の通り、珊瑚礁に囲まれたこじんまりした島で、ダイビングスポットとして人気が上がってきている。まだ観光客が少ない為、極上ビーチを独り占めできる可能性が高い。

[エス・ティー・ワールド] ▶ stworld.jp
日本を拠点としながらも、世界中にネットワークを持つ旅行会社。マレーシアには現地支店もあるので、とても心強い。旅の日数や宿も含め、色々とアレンジできるので、まずは気軽に相談してみよう。豊富な種類のパッケージ旅行も魅力だ。

旅の相談と手配先は? Arranging the trip

Northern Mariana Islands
Rota Island

北マリアナ諸島 「ロタ島」

南洋の島で授かる神の光
世界有数の透明度を誇る海

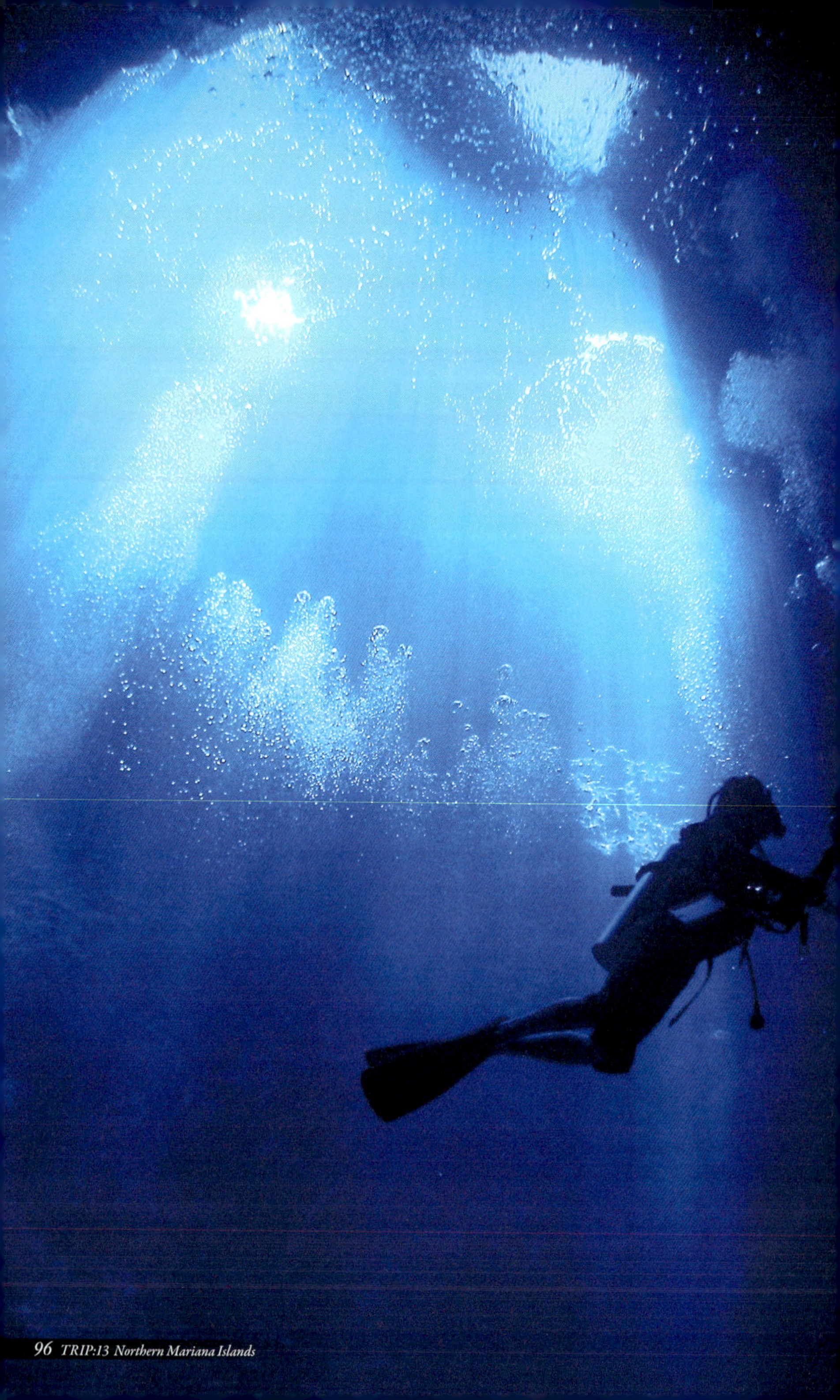

ダイバーを祝福する島
「ロタ島」

日本の南東約2,500kmに位置するロタ島。アメリカ合衆国自治領北マリアナ諸島を構成する14の島のひとつだ。高級ホテルリゾートが建ち並ぶような開発がされていない為、素朴な自然、そして空気感の中でゆっくりとした滞在ができる。一番の魅力は海の透明度。天候によっては、50mもの海底に落ちている100円玉を見つけることができるとも言われているほど。世界でも有数の透明度を持つこの海は、見事なまでの碧のグラデーションが描かれている。ロタブルーと呼ばれるその海を堪能するにはダイビングがベスト。島の南西部に集中するダイビングスポットでは、奇跡のような絶景が広がっている。"ロタホール"と呼ばれるそれは、海中に存在する洞窟の横穴から入っていく。すると、天井に空いた穴から太陽の光が水中に降り注ぐのだ。ダイバーを祝福するかのような神々しい光景には、思わず息を呑む。他にも南洋の魚はもちろん、全長126mもの沈船"松運丸"なども見ることができる。ダイバーを中心にその名が広まった「ロタ島」だが、遠浅のホワイトサンドビーチ"テテトビーチ"や海岸に真水が湧き出す"スイミング・ホール"、日本統治時代に作られた"日本精糖工場跡／機関車"など見所が多数ある。これらを訪れアクティブな滞在もできるし、ロタブルーの海を眺め、「何もしない贅沢」を味わうことも可能だ。

TRIP:13 Northern Mariana Islands

Travel Information: 13

ダイバーを祝福する島
ロタ島

Northern Mariana Islands／北マリアナ諸島

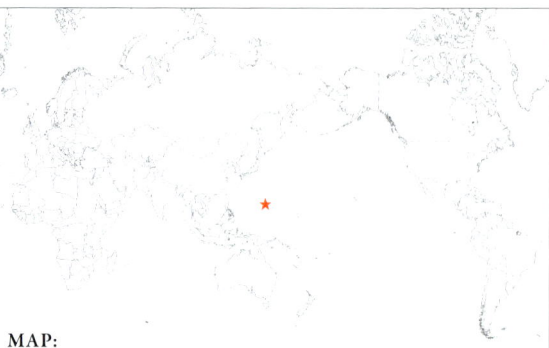

MAP:

旅の予算
Budget

13万円〜
＜大人1名分の総予算＞

▶現地予算は本書「プラン例」の目安料金
飛行機代、現地送迎、宿泊費（2人部屋利用時の1人分料金）、食事（朝2回）、2・3日目のツアー代、ダイビング器材フルレンタル2日分含む、燃油サーチャージ除く

1

行き方
How to get there

▶日本からロタ島までの直行便はない為、グアムでの乗り継ぎが必要となる。成田〜グアムは約3時間45分、グアム〜ロタ島は約35分。

2

旅のシーズン
Best Season

▶年間を通し気温差は少なく、平均気温は27℃。乾期（11〜5月）、雨期（6〜10月）に分かれているが、雨期でも雨が1日中降り続くことはまれで、一時的なスコールが基本だ。またロタホールを目的とするなら、光が入りやすく透明度が高く、海の状況も良いことが多い4〜8月がシーズンとなる。

3

この旅のヒント
Hints for the trip

■ロタ島には公共交通機関もタクシーもない。移動はツアーの送迎かレンタカーとなる。予め動きを決める場合はツアーがオススメだが、気分によって動ける自由度の高さを求めるならばレンタカーもオススメだ。その場合、レンタカーはホテルや空港で手配できる。
■ロタホールに潜るようなダイビングはCカードと呼ばれる認定証が必要だ。Cカードが不要な体験ダイブもできるがロタホール等へは行くことができない。本書ではダイビングを前提に紹介したが、もちろんダイビングをしなくても美しいロタ島の自然を体験できる。

4

98　TRIP:13 Northern Mariana Islands

プラン例

1日目	終日	成田発～グアム乗り継ぎ～ロタ島へ　【機内泊】
2日目	早朝	ロタ島着
	午後	2ダイブ　【ロタ島泊】
3日目	終日	3ダイブ　【ロタ島泊】
4日目	終日	フリー　【ロタ島泊】
5日目		ロタ島発～グアム乗り継ぎ～成田着

Check:1 ロタ島　　チェックポイント

東京に走る山手線の内側ぐらいの面積を持つロタ島。人口は3300人ほどだ。こぢんまりとした島内にある唯一の集落は南部のソンソン村。ローカルレストランやちょっとした土産屋も揃う。いずれも小規模なもので喧噪とは無縁。のんびりとした空気感を楽しもう。

Check:2 ダイビング　　チェックポイント

2、3日目にダイビングを入れたスケジュールだが、もちろん4日目にも行うことは可能だ。2本でも3本でも追加ができる。また1ダイブするごとに挟む小休憩では、ハンモックに揺られながらビーチを眺めて南国の風を感じよう。

Check:3 フリー　　チェックポイント

スイミング・ホールや日本精糖工場跡／機関車などを巡るのもいいが、日常の慌ただしさを忘れ、ただひたすらに海を眺め、のんびり過ごすということも選択肢に入れてみよう。その場合は、ロタ島で最も美しいテテトビーチがオススメだ。

Check:4 ロタ・ペッパー　　ショッピング

ロタ島の定番は"ロタ・ペッパー"という唐辛子。北マリアナ諸島では島それぞれで作っているという。かなりの激辛なので使用量は注意。辛口が好きな人は試してみては？

Check:5 グアム　　プラス1日あったら？

日本人観光客にとても優しい島、グアム。乗り継ぎ地となるこの島で1日を過ごすのもオススメ。ダイビングやシュノーケリング、バナナボート、パラセイリング、イルカウォッチングなどマリンアクティビティが満載だ。

旅の相談と手配先は？　Arranging the trip

[H.I.S.] ▶ www.his-j.com

日本全国にあるH.I.S.の営業所にて旅の相談や手配が可能だ。北マリアナ諸島のサイパンにも支店があるので、現地入りしてから困ったことなどがあった場合、すぐに連絡できるので心強い。日本でも現地でも頼りになる旅行会社だ。

Greece
Zakynthos Island

🇬🇷 ギリシャ「ザギントス島」

映画「紅の豚」の舞台を彷彿させる
断崖絶壁に隠された秘密のビーチ

14

TRIP:14 Greece

102 TRIP:14 Greece

隠された秘密のビーチ
「ザギントス島」

ヨーロッパ南東部はバルカン半島最南端に位置するギリシャ。国土の約20％、実に3,300もの島を地中海に浮かべている。それらの個性的で美しい島々は、大陸の世界遺産と並びギリシャを訪れる旅人に人気の旅先となっている。その中でも訪れたいのが、イタリアとの間に広がるイオニア海最大の島、ザギントス島だ。
オリーブやブドウ畑が広がる田舎情緒溢れるのんびりとしたこの島に、人々を魅了してやまない絶景ビーチがある。島の北西部、絶壁に囲まれた"ナヴァイオビーチ"だ。そこは陸路からアクセスすることができず、船でしか行けない秘境。白い小さな入り江に上陸すると、朽ち果てたかつての密輸船が横たわっている、旅情を誘う歴史の演出だ。ザギントス島を囲む海は透明度の高い紺色だが、この入り江だけは波に削られた花崗岩が混ざり、鮮やかなターコイズブルーに染まる。夢のような景色に時間を忘れて見入ってしまうだろう。もちろん泳ぐのは最高に気持ちいいが、崖の上にある展望台からの景色も外せない。
映画「紅の豚」の舞台を彷彿とさせる、秘密のビーチへ。

TRIP:14 Greece

Travel Information: 14

隠された秘密のビーチ
ザギントス島
Greece / ギリシャ

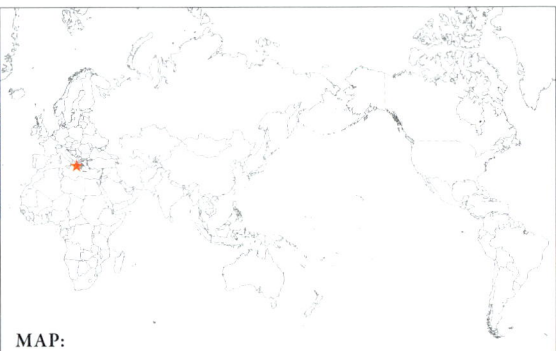

MAP:

旅の予算
Budget

45万円〜
<大人1名分の総予算>

▶現地予算は本書「プラン例」の目安料金
飛行機代、現地送迎、宿泊費（2人部屋利用時の1人分料金）、食事（朝4回）、燃油サーチャージ含む

行き方
How to get there

▶日本からザギントス島の空港へ直行便はない。ギリシャの首都であり玄関口のアテネへも直行便はなくヨーロッパや中東、アジア1都市での乗り継ぎが必要となる。アテネ到着後は、市内のバスターミナルからザギントス島行きの発着港キリニ港までバスに乗車（約4時間）。キリニ港からザギントス島まではフェリーに乗って約1時間。飛行機だとアテネ〜ザギントス島は約45分。

旅のシーズン
Best Season

▶基本的に暖かくなる時期と寒くなる時期は日本と同様と考えていい。地中海は春から秋が観光シーズンとなるが、泳ぐことを考えると、6〜9月の間に訪れたい。なお、7〜8月はハイシーズンとなる為、少々値段が上がる。

この旅のヒント
Hints for the trip

■ナヴァイオビーチに上陸するには、船に乗る必要がある。ビーチの少し南にある村ポルト・ヴロミか、島の北東部にあるスキナリ岬からの送迎船を使おう。また島を船で巡るツアーもある。
■島には高級ホテルからコテージ、キャンプ場まである。移動はレンタバイクが便利だが、国際免許が必要になる。バスもあるが本数は少ない。宿泊しているホテルから近隣ビーチまでの移動はレンタサイクルが便利。

プラン例

1日目	終日	成田発～ヨーロッパ1都市、アテネ着　【アテネ泊】
2日目	午前	フリー
	午後	アテネ発～ザギントス島着　【ザギントス島泊】
2日目	終日	ザギントス島　【ザギントス島泊】
3日目	午前	フリー
	午後	ザギントス島発～アテネ着　【アテネ泊】
4日目	終日	アテネ発～ヨーロッパ1都市乗り継ぎ～成田へ　【機内泊】
5日目	午後	成田着

Check:1 展望台　　チェックポイント

絶景ビーチを望める展望台への道順は、島の中心地であるザギントスタウンから北へと向かい、山を越えて反対側の海岸沿いへ。そこから小道に入ると、崖の縁から空中に張り出した小さな展望台がある。夏期の午後は混雑するので、早めの時間に訪問しよう。

Check:2 青の洞窟　　チェックポイント

1897年に島の北端で発見されたブルーケイブと呼ばれる海上の洞窟がある。洞窟というよりもトンネルに近いが、透明度が高い為、水中を泳ぐ魚の姿がはっきり見える。イタリアの青の洞窟とは少々趣が異なるが、太陽光線が海水を通して青く光る光景に出合える。

Check:3 ギリシャ料理　　食事

隣のイタリアとトルコに強い影響を受けているギリシャ料理。ザギントス島では島内で栽培されたオーガニック野菜とイオニア海でとれた海鮮、チーズ、ヨーグルト、ハーブ、蜂蜜などが使われた料理が提供される。是非、本場の味を堪能しよう。

Check:4 マントレイト＆パステリ　　ショッピング

マントレイトは卵白、アーモンド、蜂蜜などから作られたもので、パステリは古代ギリシャから伝わる胡麻やアーモンドを蜂蜜で固めたお菓子。両方とも栄養価が高く、健康的で地元の人にも人気。ちなみに素材の蜂蜜自体も名産品で、お土産にもちょうどいい。

Check:5 アテネ　　プラス1日あったら?

西洋文明発祥の地ギリシャには世界遺産が17件もある。特に首都アテネのアクロポリスは有名だ。アクロポリスの丘には、女神アテーナーを祀るパルテノン神殿や美しい女神が並ぶエレクティオン神殿などがある。一生に一度は訪れたいアテネのスポットだ。

旅の相談と手配先は?　Arranging the trip

[ヨーロッパトラベル] ▶ www.europe-tr.com

"幸せと感動を呼ぶ旅"を作る為、オーダーメイドの旅にこだわり続ける旅行会社。そのおもてなしは超がつくほど手のこんだもので、旅行者のこだわりをとことん形にしてくれる強い味方。また、旅行中の緊急連絡先もある為、安心して旅を送ることができる。

Cuba
Varadero

キューバ「バラデロ」

白砂が続くビーチと、歴史情緒漂う街並み
カリブ海の真珠と称される愛しの島

108 *TRIP:15 Cuba*

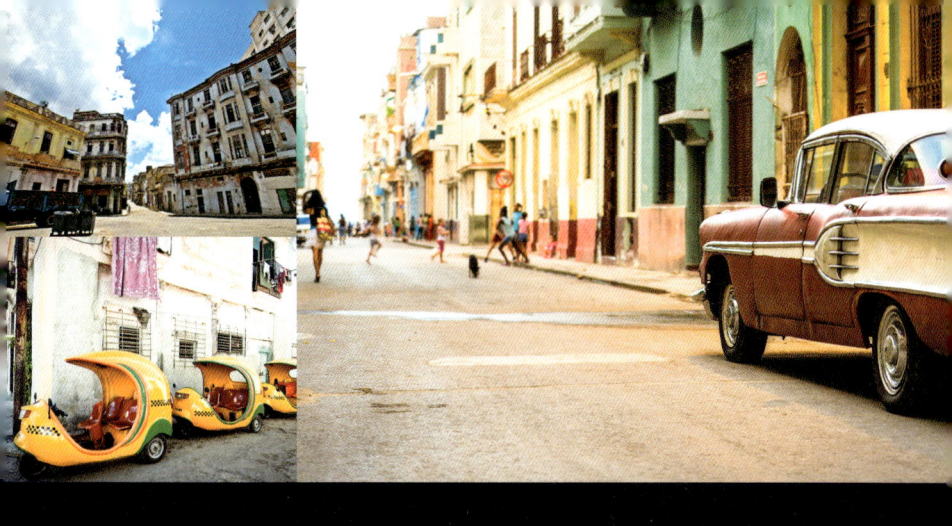

カリブ海の真珠
「バラデロ」

アメリカ合衆国はフロリダ半島の南に浮かぶ島国、キューバ。その北西部に位置する首都ハバナは、政治・文化・経済の中心地で、スペイン統治時代の建造物が多く残るノスタルジックな雰囲気が素晴らしいその街並みは、まるで時間が止まってしまったかのようだ。街中を歩けばどこからともなくサルサが聞こえ、老若男女がリズムに合わせ体を揺らす、陽気で気持ちいい空気に満ち溢れている。そして、ハバナから車で東へ約2時間走れば、カリブ海で一番美しいと言われるバラデロビーチが広がっている。30kmの長さを誇る美しい白砂と、透明度の高いカリビアンブルーの海は、かつて、コロンブスが上陸した際に「人間の目が見た最も美しい島」と褒め称えたと言われている。キューバ革命以前は米国の富裕層が溺愛し、現在でも旅人が後を絶たないこの極上のビーチに立てば、コロンブスの言葉にも納得がいくはずだ。カリブ最大の都市ハバナと美しきバラデロ。このふたつの街を訪れれば、間違いなくキューバの魅力に溺れ、虜になってしまうだろう。

Travel Information: 15

カリブ海の真珠
バラデロ

Cuba ／キューバ

MAP:

1 旅の予算
Budget

16万円〜
<大人1名分の総予算>

▶現地予算は本書「プラン例」の目安料金
飛行機代、現地送迎、宿泊費（2人部屋利用時の1人分料金）、食事（朝2回）、3日目のツアー代含む、燃油サーチャージ除く

2 行き方
How to get there

▶日本からキューバまでの直行便はない為、カナダや米国などでの乗り継ぎが必要となる。オススメは同日着できるトロント乗り継ぎ。成田〜トロントは約11時間50分、トロント〜ハバナは約3時間30分。

3 旅のシーズン
Best Season

▶乾期にあたる11〜4月がベストシーズンと言えるが、12〜2月は寒くなる日があり、泳ぐのに適さない気温になることもあるので注意したい。しかし、年間を通じて温暖な気候なので、他の時期でも訪問は可能だ。ただし、9、10月はハリケーンシーズンとなるので、避けた方が無難。

4 この旅のヒント
Hints for the trip

■キューバ入国時にツーリストカードというものが必要になる。事前にキューバ大使館や旅行会社を通じて取得しておこう。
■キューバには観光客用通貨の兌換ペソというものがある。特定の場所でしか両替できないので、空港に着いたら必要分を両替しよう。また、米国のドルからは両替できない場合があるので、ユーロを持っていくことをオススメ。
■基本的にキューバでは英語が通じず、スペイン語のみとなる。会話集を持っていくなどして、最低限のコミュニケーションを取れるように準備しておこう。

プラン例

1日目	終日	成田発〜トロント乗り継ぎ〜ハバナ着 【ハバナ泊】
2日目	午前	バラデロビーチ 【ハバナ泊】
3日目	終日	ハバナ観光 【ハバナ泊】
4日目	終日	ハバナ発〜トロント乗り継ぎ〜成田へ 【機内泊】
5日目	午後	成田着

Check:1 ハバナ観光　　　　チェックポイント

旧市街を散策するだけでも面白いが、キューバを愛して止まなかった文豪ヘミングウェイゆかりの地も訪れたい。ハバナ郊外にある元邸宅"ヘミングウェイ博物館"や、通っていたと言われる、BODEGUITA DEL MEDIO／ボデギータ・デル・メディオにてキューバ家庭料理を味わいたい。

Check:2 カクテル　　　　食事

日本でも知られるカクテル「クーバ・リブレ」と「モヒート」。一般的にクーバ・リブレはラム、ライム、コーラ、モヒートはラム、ライム、ソーダ水に砂糖とミントの葉でできたもの。キューバを訪れるからには一度は口にしたい。

Check:3 葉巻　　　　ショッピング

キューバを代表するものと言えば、やはり葉巻。COHIBA／コイーバやMontecristo／モンテクリストなど多くの銘柄から選ぶことができる。あくまで嗜好品なので、好みは分かると思うが、部屋に飾るだけでもカッコイイかもしれない。またHabana Club／ハバナクラブというラム酒もオススメだ。

Check:4 Hotel Ambos Mundos　　　　宿泊

創業1920年の老舗のホテルでハバナ旧市街の中心という好立地に建つ。ヘミングウェイもここを定宿とし、名作「誰がために鐘は鳴る」の大半を書き上げたと言われている歴史あるホテル。決して安くはないが、ハバナ滞在時には是非宿泊したい。▶ www.hotelambosmundos-cuba.com

Check:5 サンタクララ　　　　プラス1日あったら？

島の丁度中央に位置する町。キューバ革命時に共に戦った革命戦士達とゲバラが眠るチェ・ゲバラ霊廟がある。歴史好きには堪らないスポットだが、海好きであればバラデロで1泊するというのもオススメ。

[H.I.S.] ▶ www.his-j.com

広範囲に渡って世界中に支店を持つ旅行会社。その手配範囲の広さとリーズナブルな金額設定が魅力的だ。日本全国にあるH.I.S.の営業所にて旅の相談や手配が可能なので、まずは気軽に問い合わせしてみよう。

Palau
Rock Islands

大洋に秘められた海の宝石箱
自然の神秘と幻想的な空間

16

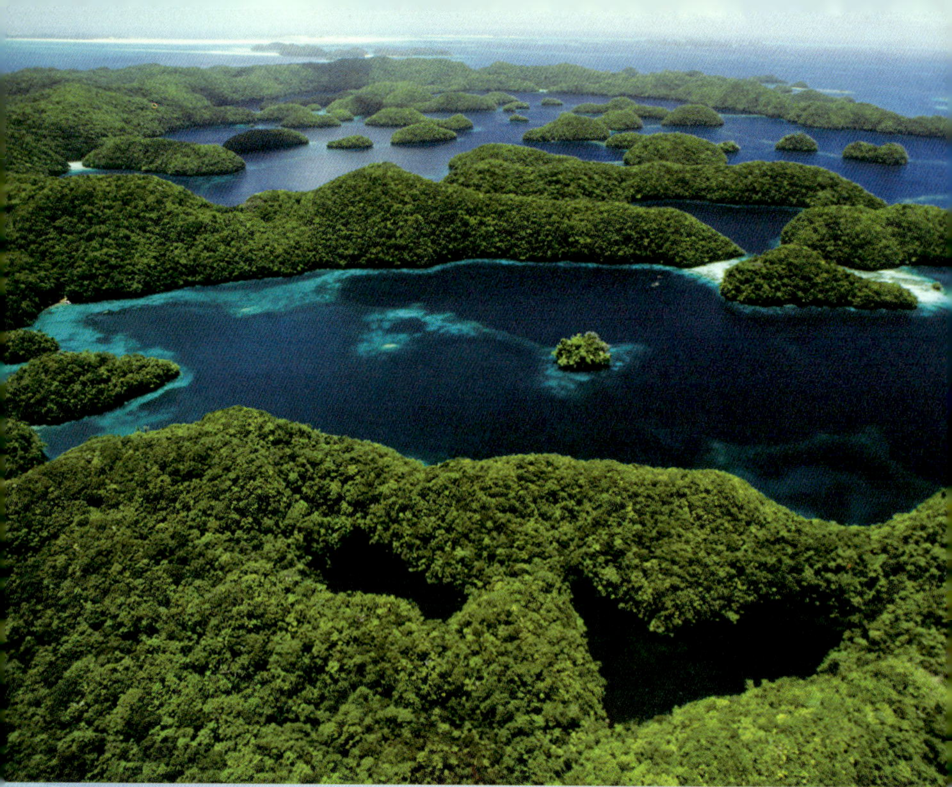

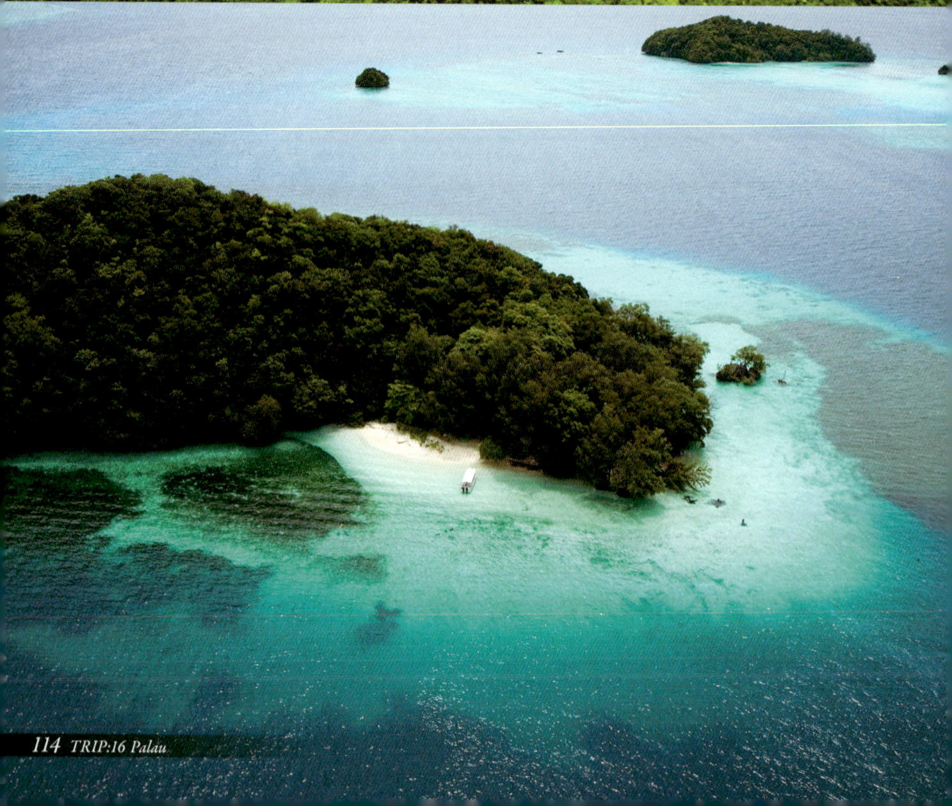

大洋に秘められた海の宝石箱
「ロックアイランド」

フィリピンの東約750kmに位置する200以上もの島々から構成される国、パラオ。9つを除き残りはすべて無人島だ。それらはロックアイランドと呼ばれ、隆起珊瑚礁から形成されている。長年に渡る波の浸食で海面付近がくびれ、その姿がまるでマッシュルームのような奇観を創り上げている。"ロックアイランド"にはオススメスポットが満載だ。まずは"ロングビーチ"。潮が引くと、クリスタルブルーの海の上に緩やかなカーブを描く真っ白な砂の道が出現し、そこには天国と見紛うほどの絶景が広がる。乳白色のきれいな水が広がる"ミルキーウェイ"も外せない。石灰石が削られて海底に沈殿した白い泥が、神秘的な色を生み出している。その泥は美白や保湿効果があると言われていて、海底からすくいあげた泥で全身パックも楽しめるのだ。ロックアイランドNo.1スポットである、世界的にも珍しいクラゲと泳げる湖"ジェリーフィッシュレイク"も是非。無数のクラゲと泳ぐ…と聞くと気持ち悪そうと思うかもしれないが、「まるで宇宙空間。幻想的な空間で癒された」という声も多い。海の宝石箱を巡る旅で、様々な不思議体験を楽しもう。

Travel Information: 16

大洋に秘められた海の宝石箱
ロックアイランド
Palau ／パラオ

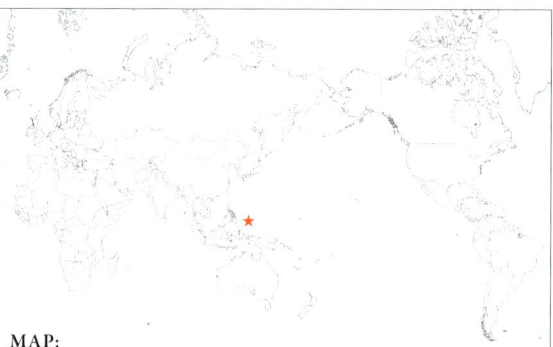

MAP:

1 旅の予算 Budget

15万円〜
<大人1名分の総予算>

▶現地予算は本書「プラン例」の目安料金
飛行機代、現地送迎、宿泊費（2人部屋利用時の1人分料金）、食事（昼2回）、2、3日目のツアー代含む、燃油サーチャージ除く

2 行き方 How to get there

▶成田からパラオの旧首都コロールまで直行便が運行している。直行便以外であれば、グアムで乗り継ぐことが一般的だ。成田〜コロールは約5時間。

3 旅のシーズン Best Season

▶1年を通して、高温多湿だ。年間の平均気温はほぼ28度となっているが、乾期（11〜5月）と雨期（6〜10月）がある。1年中訪れることが可能だが、雨が降ると海が濁りやすくなるので、可能であれば乾期の間に訪れたい。

4 この旅のヒント Hints for the trip

■防水仕様のカメラを持っていくのもオススメ。透明度の高い水中世界を撮ってみよう。
■クラゲと聞くと刺されるイメージもあるが、ジェリーフィッシュレイクでは、心配無用だ。外敵がまったくいない生活をしてきた為、クラゲの棘は退化し人を刺すことはない。安心して幻想世界を泳ごう。

116 TRIP:16 Palau

プラン例

1日目	夜	成田発〜コロール着【コロール泊】
2日目	終日	ロックアイランド1【コロール泊】
3日目	終日	ロックアイランド2【コロール泊】
4日目	終日	フリー
	深夜	コロール発〜成田へ【機内泊】
5日目	朝	成田着

Check:1 ロックアイランド1 — チェックポイント
ミルキーウェイで泥パック、熱帯魚とシュノーケリング、無人島で昼食、ジェリーフィッシュレイクでクラゲと遊泳…とロックアイランドを遊び尽くす1日。他にも自然の力によって作られたナチュラルアーチや第二次世界大戦の大砲跡も見ることができる。

Check:2 ロックアイランド2 — チェックポイント
現地2日目もロックアイランドを巡ろう。干潮時のみ出現する美しいロングビーチ、内海と外海を繋ぎマンタに高確率で出逢えるジャーマンチャネル、星形のカープ島でBBQランチなど楽しみは尽きない。

Check:3 コロール — チェックポイント
パラオの玄関口となる街。素朴な島々が多い中で唯一賑やかな所だ。パラオ最大のWCTCショッピングセンターや免税店の他にも和洋中のレストランも揃う。4日目はコロール散策か、もしくはまた異なる島にホッピングして過ごそう。

Check:4 ストーリーボード — ショッピング
今からおよそ100年前。パラオに渡った日本人が、ある技を伝えた。それは、マホガニー等の硬い木の板に絵を描くというもの。技を受け継いだパラオの人々が、そこに彫る伝説や神話が現在お土産の代名詞となっている。是非手に取ってみてみよう。

©太平洋諸島信託統治領政府

Check:5 グアム — プラス1日あったら?
日本から一番近い、アメリカの空気に触れることができる島。日本からの観光客も多い為、グアムで乗り継ぐ便の場合、1日滞在もオススメ。言語の心配なく気軽に旅行を楽しむことができる。ショッピングも充実しているので、アウトレットなどを覗いてみては?

旅の相談と手配先は？ Arranging the trip

[エス・ティー・ワールド] ▶ stworld.jp
日本を拠点としながらも、世界中にネットワークを持つ旅行会社。パラオには現地支店もあるので、とても心強い。旅の日数や宿も含め、色々とアレンジできるので、まずは気軽に相談してみよう。豊富な種類のパッケージ旅行も魅力だ。

Philippines
Boracay Island

フィリピン 「ボラカイ島」

世界一のホワイトビーチ
フィリピンの隠れ家的アイランド

17

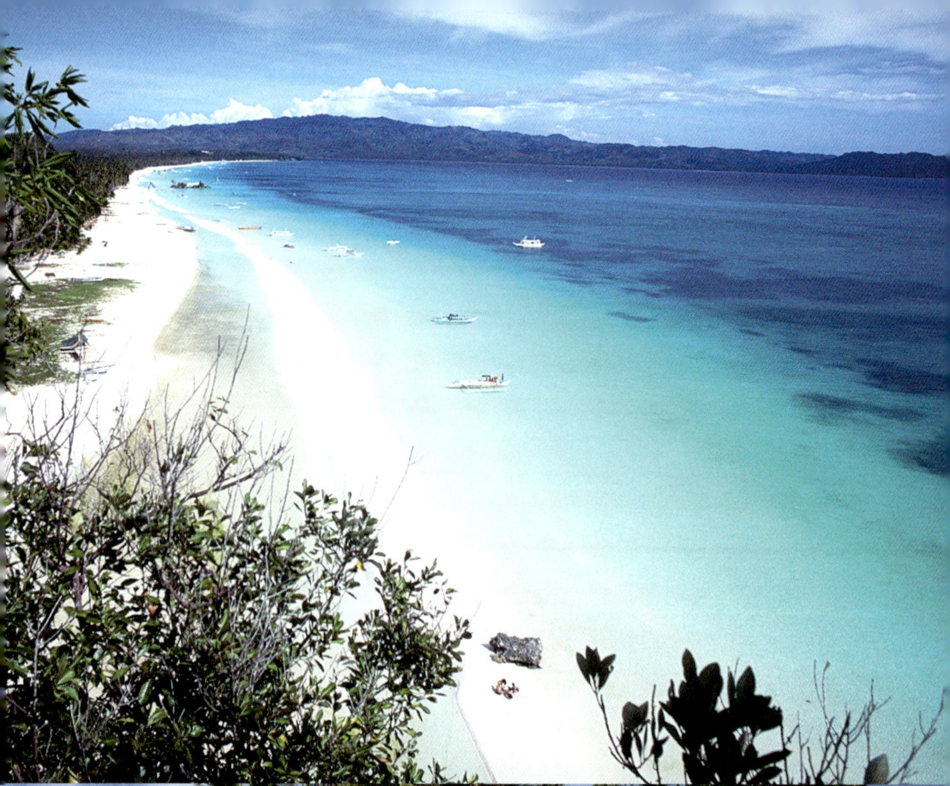

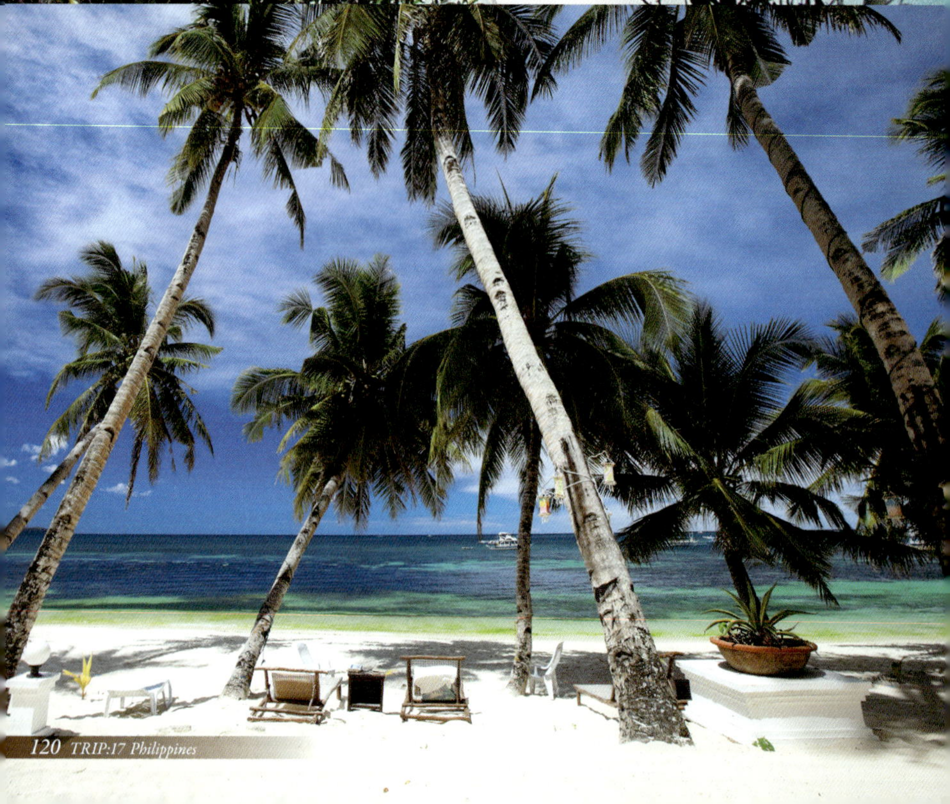

世界のベストビーチ
「ボラカイ島」

東南アジアの群島国家フィリピン。その島の数は大小合わせ7,000以上にも及ぶ。その中央部、フィリピンで6番目に大きいパナイ島から北西の沖合約1kmにボラカイ島は浮かぶ。南北に約7km、東西に約2kmと細長い島で、一番の魅力は西側に約4km続くビーチだ。きめの細かい真っ白な砂でできた砂浜は、その通り「ホワイトビーチ」と呼ばれ、2012年には世界のベストビーチに選ばれたほどの美しさ。ターコイズブルーに染まる遠浅の海と相まって楽園情緒を盛り上げているのだ。その海でのシュノーケリングなどのアクティビティはもちろん楽しいが、近隣の島にも訪れたい。幾つもある離島の中でもオススメなのは、南東の沖合に浮かぶ小島、ラウレル島。そこにある入り江"クリスタルケーブ"では、太陽の光が海水に反射することによって、足下が美しく光り輝いていて、その神秘的な海の中を泳ぐことができるのだ。「クリスタル」と名付けられたのも納得の水の輝きを満喫しよう。また、ボラカイ島では島を一望できる展望台などを巡る観光ツアーに参加することも可能だ。自然と調和されたリゾート、ホワイトビーチ、離島…、過ごし方は十人十色。白く美しい世界一のビーチを抱く島を遊ぼう。

Travel Information: 17

世界のベストビーチ
ボラカイ島
Philippines / フィリピン

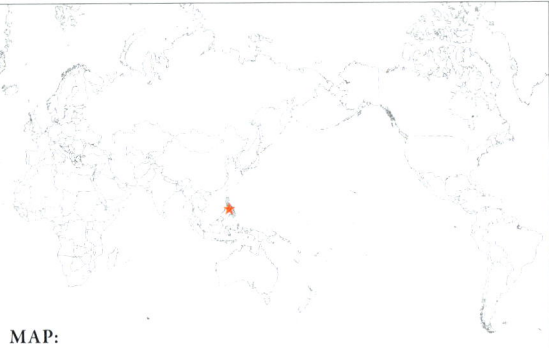

MAP:

旅の予算
Budget

8万円〜
<大人1名分の総予算>

1

▶現地予算は本書「プラン例」の目安料金
飛行機代、現地送迎、宿泊費（2人部屋利用時の1人分料金）、食事（朝3回）含む、燃油サーチャージ除く

行き方
How to get there

2

▶成田からフィリピンの首都マニラまで直行便が運行している。そこからパナイ島のカリボまたはカティクランまで国内線で移動することになる。ボラカイ島へはカティクラン港から船で行くことになるので、カリボまたはカティクランの両空港から港へは車移動になる。カリボからカティクラン港は約3時間、カティクランからカティクラン港は約20分。時間的にはカティクランの方が港まで早いが、料金が若干高い。車の移動時間の長短差のみなので、好みで決めよう。成田〜マニラは約4時間30分、マニラ〜カリボは約1時間、カティクラン港〜ボラカイ島はボートで約30分。

旅のシーズン
Best Season

3

▶一般的に6〜10月が雨期にあたるが、1日中降り続くことはほとんどなくスコールの後は太陽が出る。海水浴をメインとするなら、11〜5月の乾期がベストシーズン。快晴が多く気温も上がるオススメの時期だ。

この旅のヒント
Hints for the trip

4

■ボラカイ島の美しい砂を持ち帰る観光客が続出したために、現在では砂の持ち帰りを罰する条例が制定されている。注意しよう。
■ビーチの砂は細かい為、水を少し含むと固まりやすい性質がある。それを利用して砂浜にお城などの見事なサンドアートを作っている人がいる。近くにチップ入れがある場合もあるので、有料か無料かを確認して写真を撮ろう。もちろんチップを支払えば撮影を拒否されることはない。

プラン例

1日目	終日	成田発～マニラ乗り継ぎ～カリボ着
	夕方	カリボから車でカティクラン港へ、カティクラン港からボートでボラカイ島へ 【ボラカイ島泊】
2日目	終日	終日フリー 【ボラカイ島泊】
3日目	終日	終日フリー 【ボラカイ島泊】
4日目	終日	フリー 【ボラカイ島泊】
5日目	終日	ボラカイ島からボートでカティクラン港へ、カティクラン港からカリボへ、カリボ発～マニラ乗り継ぎ～成田着

Check:1 ホワイトビーチ　チェックポイント
全長約4kmも続く白い砂浜。沖合50mにもなる遠浅の海は、ターコイズブルーに染まる。ボラカイ島観光の中心地でもあり、浜の周辺にはホテルやクラブ、レストラン、バーなどが建ち並ぶ。水平線に沈みゆく美しい夕陽を眺めながら飲む一杯が最高と言われている。

Check:2 d'mall　チェックポイント
島の中央部にある、ホワイトビーチから垂直に延びるショッピングストリート。生活雑貨店や土産屋、世界各国のレストランに加え、夜通し賑わうバーなどがある。リゾートホテルのレストランにくらべると格安で食事ができる上に、地元料理も味わえるオススメのストリート。

Check:3 B級グルメ　食事
島では色々な国の料理を堪能することができるが、やっぱりフィリピン特有の食べ物も味わいたい。豚の顔の肉を炒めた「シシグ」、「タホー」という花豆の豆乳と黒蜜のスイーツ、孵化しかけのアヒルの卵を茹でた「バロット」に挑戦してみては？

Check:4 エコ商品　ショッピング
NGO「LOOB／ロオブ」という団体が行っているゴミ廃棄場の人たちの生計支援プログラムの一環で作られたアイテム。ジュースのパックをキレイに洗って作られたバッグやサイフ、紙製のビーズで作られたアクセサリーなどがサーフサイドボラカイリゾート＆スパで購入できる。

Check:5 マニラ　プラス1日あったら？
フィリピンの首都で、歴史的建造物とモダンが混在する町。「マカティ」というエリアには、世界的ブランドが安く購入できる大型ショッピングモールがあったり、「イントラムロス」にはスペイン統治時代の城砦都市跡や要塞などがあったりと見所は尽きない。

旅の相談と手配先は？　[エス・ティー・ワールド] ▶stworld.jp

日本を拠点としながらも、世界中にネットワークを持つ旅行会社。フィリピンには現地支店もあるので、とても心強い。旅の日数や宿も含め、色々とアレンジできるので、まずは気軽に相談してみよう。豊富な種類のパッケージ旅行も魅力だ。

Papua New Guinea
Loloata Island

パプアニューギニア 「ロロアタ島」

赤道直下の深緑と群青の島
地球最後の楽園

18
TRIP:18 Papua New Guinea /125

TRIP:18 Papua New Guinea

地球最後の楽園
「ロロアタ島」

600以上の島々から構成される、日本の約1.2倍もの面積を持つパプアニューギニア。中でも南太平洋、オーストラリアの北、約160km、赤道直下に位置するニューギニア島は、グリーンランドに次ぐ世界第二位の面積を持つ島だ。ちょうど中ほどで東西にわかれる国境線が引かれ、西半分にはインドネシアが隣合う。その島の南東部、コーラル海に繋がるパプア湾に面した場所に、同国の首都ポートモレスビーはある。「首都」という響きからは想像もできないような美しい海が広がっていることから「世界の首都が有する海で最も美しい」とも称され、多くのダイバーが集う都市ともなっている。その玄関口となる空港から車で20分、ボートで15分の沖合に浮かぶのが、ロロアタ島だ。海へと繰り出せばダイビングのライセンスを所持していなくてもできる「体験ダイビング」や「シュノーケリング」で豊かな海を覗いてみることができるし、内陸へと足を運べばワラビーなどの有袋類や極楽鳥を見ることができる緑溢れるトレッキングルートもある。国土の70%にも及ぶ手つかずの自然が残る国、地球最後の楽園との呼び声も高い、パプアニューギニアにふれる旅へ。

TRIP:18 Papua New Guinea

Travel Information: 18

地球最後の楽園
ロロアタ島

Papua New Guinea／パプアニューギニア

MAP:

1. 旅の予算 Budget

25万円〜
＜大人1名分の総予算＞

▶ 現地予算は本書「プラン例」の目安料金
飛行機代、現地送迎、宿泊費（2人部屋利用時の1人分料金）、食事（朝3回、昼3回、夕3回）、2・3日目のツアー代含む、燃油サーチャージ除く

2. 行き方 How to get there

▶ 成田からパプアニューギニアの玄関口、ポートモレスビーまで直行便が運行しているが、週1便の為、5日間の日程では利用できない。その為、オーストラリアのケアンズ乗り継ぎで行くのが一番スムーズとなる。成田〜ケアンズは約7時間40分、ケアンズ〜ポートモレスビーは約1時間45分。ポートモレスビーからロロアタ島までは車でボートが発着するタヒラハーバーまで20分移動し、そこからボートで15分となる。長期日程で旅する場合は、直行便がオススメだ。

3. 旅のシーズン Best Season

▶ 年間を通じて最高気温が30℃を超える、ポートモレスビー。大きく分けると雨期（11〜4月）、乾期（5〜10月）となる。雨期でもさほど降雨量が多くないということに加え、海の状態が良くなる11〜4月が海を目的にする場合のベストシーズンと言われている。

4. この旅のヒント Hints for the trip

■ 本書プラン例ではロロアタ島に滞在することを中心としているが、他にも少数民族モツ族の水上集落を訪れるものや、極楽鳥などの野鳥観察ができるもの、精霊の家を模った国会議事堂などが含まれるポートモレスビー市内を巡るツアーなどもある。好みに応じて自分流のプランを作成しよう。

プラン例

1日目	夜	成田発〜ケアンズへ【機内泊】
2日目	早朝	ケアンズ着
	午前	ケアンズ発〜ポートモレスビー着
	午後	ロロアタ島着【ロロアタ島泊】
3日目	終日	ロロアタ島【ロロアタ島泊】
4日目	午前	体験ダイビング
	午後	フリー【ロロアタ島泊】
5日目	終日	ポートモレスビー発〜ケアンズ乗り継ぎ〜成田着

Check:1 ポートモレスビー　　チェックポイント

パプアニューギニアの首都。パプアニューギニアのワイキキと呼ばれる「エラビーチ」や、固有の動植物を見ることができる「国立植物園」などがある。レストランやホテルも一通り揃う街だが、治安があまり良くない為、ガイドが同行する旅行会社の送迎サービスを利用しよう。

Check:2 体験ダイビング　　チェックポイント

ライセンスがなくともダイビングができる「体験ダイビング」。プールや海の浅瀬で簡単な講習を受ければ、誰でも海中世界へとトリップが可能だ。世界でも有数のダイビングスポットで、珊瑚と暮らすカラフルな魚たちと戯れよう。

Check:3 ロロアタ島　　チェックポイント

ポートモレスビーの沖合、ボートで約15分の位置に浮かぶ小さな島。極彩色の海で泳いだり、シーカヤックで遊んだりと、首都近郊とは思えないロケーションで海遊びができる。また、丘に登れば、珊瑚に囲まれた島を望むことが可能だ。

Check:4 パプアニューギニア先住民族　　プラス1日あったら？

500以上もの先住民族が暮らすこの国では、飛行機で1時間も移動すれば、魅力的な人々に出逢うことができる。泥を全身に塗ったり、フェイスペイントを施したり、カラフルなお面を被ったり、装飾を施したりと民族毎に多種多様だ。伝統を大切にする人々に出逢いに行こう。

Check:5 ケアンズ　　プラス1日あったら？

乗り継ぎ地となるオーストラリアのケアンズ。"宇宙から唯一認識できる生命体"とも言われる、全長2,000kmを超える珊瑚礁地帯、グレートバリアリーフ観光の拠点の街として知られている。買い物や食事も十分に楽しめる街だ。

[PNGジャパン]　▶ www.png-japan.co.jp

パプアニューギニアを一番の得意とする旅行会社。現地に日本人駐在の支店もあり、事情に精通している。手配はもちろん、相談も気軽にできるので、とても頼りになる存在だ。まずは見積もりから、気軽に連絡してみよう。

Hawaii, USA
Oahu Island

アメリカ・ハワイ「オアフ島」

アロハの空気が満ちる
世界中の旅人が愛し、集う島

19

TRIP:19 Hawaii, USA 131

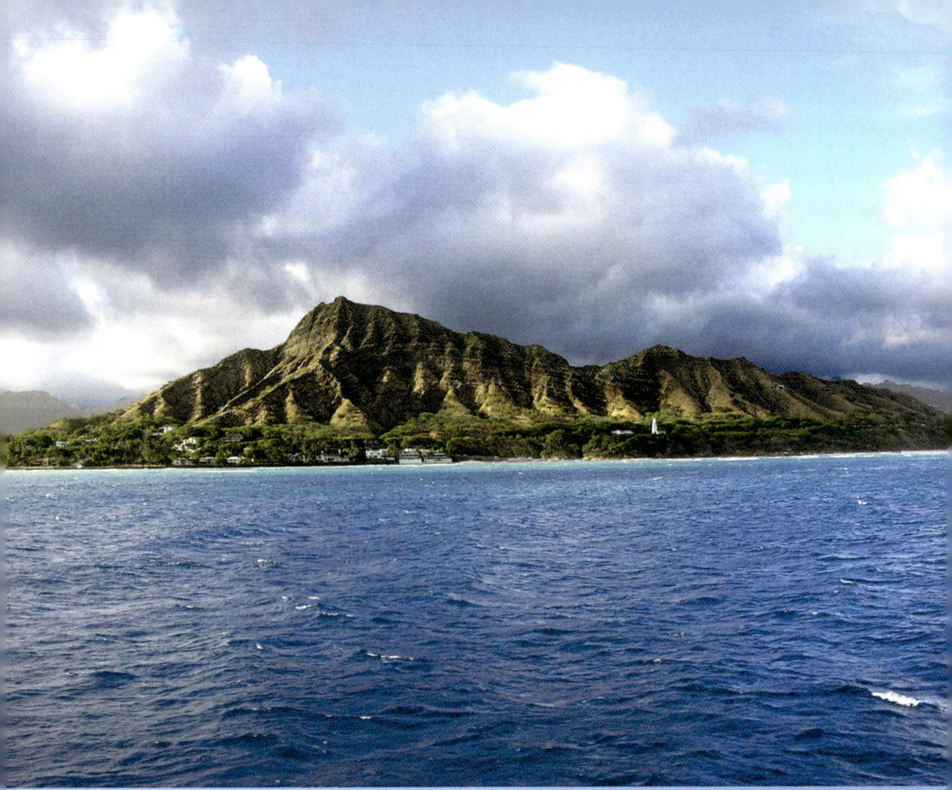
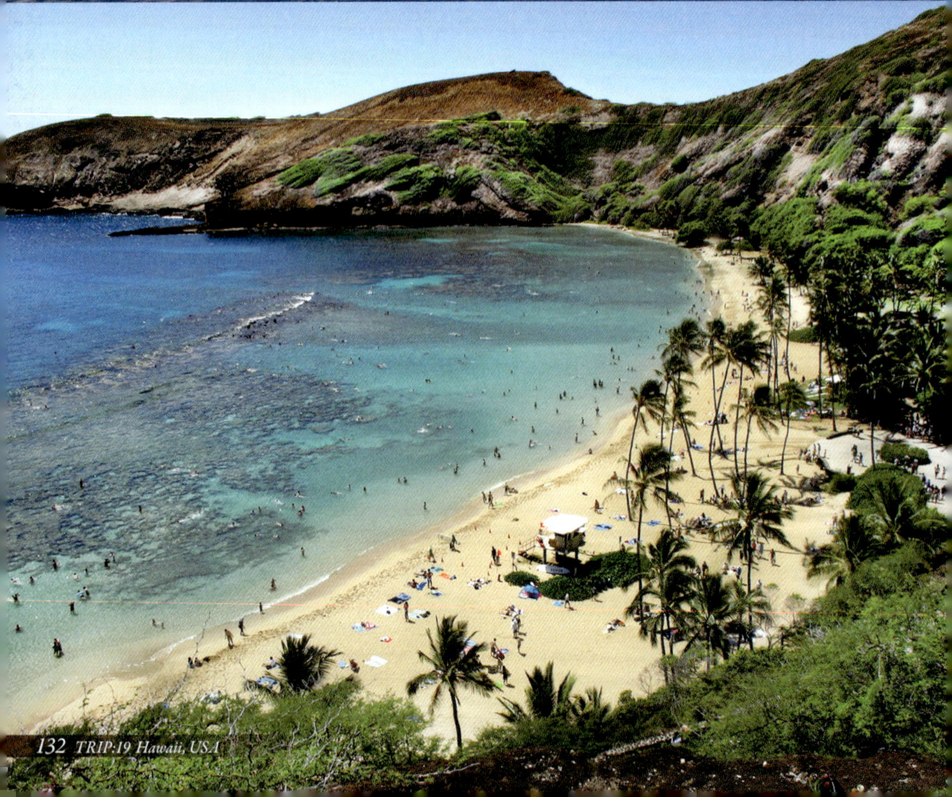

世界中の旅人に愛される島
「オアフ島」

太平洋に浮かぶ19の島から成る、ハワイ諸島。そのひとつ、オアフ島はハワイの代名詞でもあり、玄関口にもなっている島だ。"集いの島"とも称されるオアフ島には、そこに流れる心地良い空気を求め、世界中から旅人が集う。温暖な気候、美しい海、豊かな自然に加え、気兼ねなく滞在できる居心地のいい街があることが、旅人を惹き付けている大きな魅力だろう。

ハワイのランドマーク"ダイヤモンドヘッド"と名付けられた火山の頂上(標高232m)まで登れば、世界一有名な"ワイキキビーチ"を抱くワイキキの街を一望でき、島の東部に行けば全米ナンバーワンビーチに選ばれたこともある"カイルアビーチ"で極めの細かいパウダーサンドとエメラルドグリーンの海を堪能することもできる。他にも品揃え豊富な"アラモアナショッピングセンター"や、360度海に囲まれる極上空間"カネオヘ湾"などなど見所は尽きない。一生に一度ではなく何度でも訪れたくなるオアフ島。最高の心の状態を意味する「アロハ」が響く島へ。

Travel Information: 19

世界中の旅人に愛される島
オアフ島

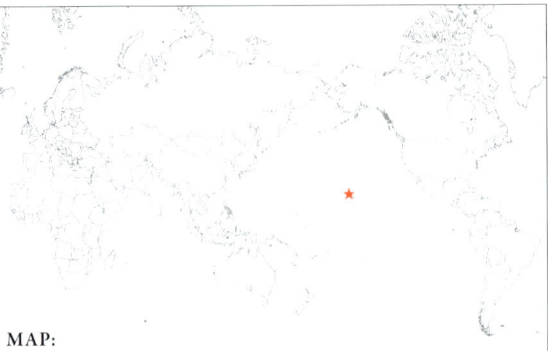

Hawaii, USA
／アメリカ・ハワイ

MAP:

旅の予算
Budget

7万円〜
<大人1名分の総予算>

1

▶現地予算は本書「プラン例」の目安料金
飛行機代、現地送迎、宿泊費（2人部屋利用時の1人分料金）、2日目のツアー代含む、食費、燃油サーチャージ除く

行き方
How to get there

2

▶成田からオアフ島の玄関口ホノルルまで直行便が運行している。成田〜ホノルルは約7時間。また羽田からもホノルルへ直行便が運行している。どちらも多くの便があり、価格などで選ぶことができてとても便利だ。

旅のシーズン
Best Season

3

▶1年中がベストシーズンと言えるオアフ島。平均気温は約24〜30℃と温暖な気候だ。しかし冬（12〜3月）は若干涼しくなるので、海水浴を考えると外した方がベター。

この旅のヒント
Hints for the trip

4

■本書ではオアフ島の過ごし方の一例を紹介したが、組み合わせは無限にある。自分の希望・優先順位を決めて旅行会社に相談しよう。オススメを聞きながら行程を作ることも可能だ。
■1日目は日付変更線を越えることから、同日の午前中にホノルルに到着することになる。その為、初日から遊ぶことが可能だ。
■プラン例2日目のカネオヘ湾は、ツアーでしか行くことができないが、他のスポットはレンタカーやバスなどで簡単に行くことができる。どんな方法が自分に一番合っているかツアーの問い合わせ時に旅行会社に確認しよう。愛しゾレゼントしてくれるサービスもある。

プラン例

1日目	終日	成田発〜ホノルル着　【オアフ島泊】
	午後	カイルアビーチ
2日目	終日	カネオヘ湾　【オアフ島泊】
3日目	午前	ダイヤモンドヘッド
	午後	アラモアナショッピングセンター　【オアフ島泊】
4日目	終日	ホノルル発〜成田へ　【機内泊】
5日目	午後	成田着

Check:1　カイルアビーチ　　チェックポイント

全米ナンバーワンにも選ばれたこともあるこのビーチでは、マリンアクティビティが盛んだ。カヤック、ウィンドサーフィン、ボディーボード、シュノーケルなどレンタルもできるので、興味があればトライしてみよう。また、トイレやシャワー、売店もあるので、のんびりとした海水浴も楽しめる。

Check:2　カネオヘ湾　　チェックポイント

オアフ島の北東にあるヘイア・ケア埠頭からボートで10分。そこに広がるカネオヘ湾は、天国の海と呼ばれるほどの美しさ。特に湾の真ん中に浮かぶ砂洲は、360度エメラルドグリーンの海に囲まれた極上空間。また、かなり高確率で海ガメに遭遇できる場所でもある。

Check:3　ダイヤモンドヘッド　　チェックポイント

登山道に入ってしばらくは舗装された平坦な道が続くが、途中からは道幅が狭くなり舗装のない道や、階段、トンネルなどを通っていく。片道約40分程度なので、初心者でも気軽にトライできるのが嬉しい。本格的なトレッキングシューズではなく、スニーカー等でも大丈夫だ。

Check:4　パンケーキ　　食事

近年日本にも増えてきたハワイやオーストラリア発のパンケーキレストラン。ハワイに訪れるのならば、朝から幸せな気分になれること間違い無しの朝食を楽しみたい。

Check:5　アラモアナショッピングセンター　　ショッピング

オアフ島でのショッピングと言えば、やっぱりここ。中心地のワイキキから歩いても行ける立地で、一流ブランドから雑貨、カフェ、レストランまで、約290店を超えるハワイ最大の総合ショッピングセンター。ぶらりとウインドウショッピングを楽しんでみよう。

旅の相談と手配先は？ Arranging the trip

[ビッグ楽園ハワイ]　▶ www.bigrakuen.com

ハワイ旅行の専門サイト。サイト上に自動見積もり機能が付いているので、旅行代金の目安を簡単に知ることができる。また、もちろん電話での質問や手配依頼も可能なので、気軽に連絡をしてみよう。

Thailand
Phi Phi Island

コーラルリーフに抱かれた秘島
無人島の「ザ・ビーチ」へ

20

TRIP:20 Thailand 137

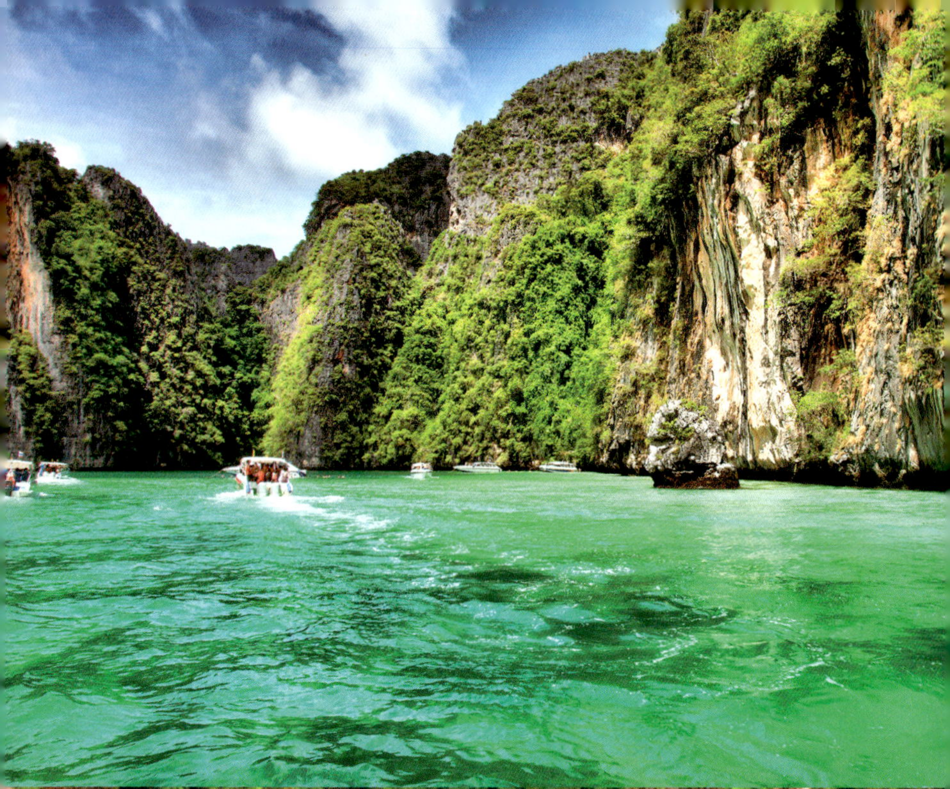

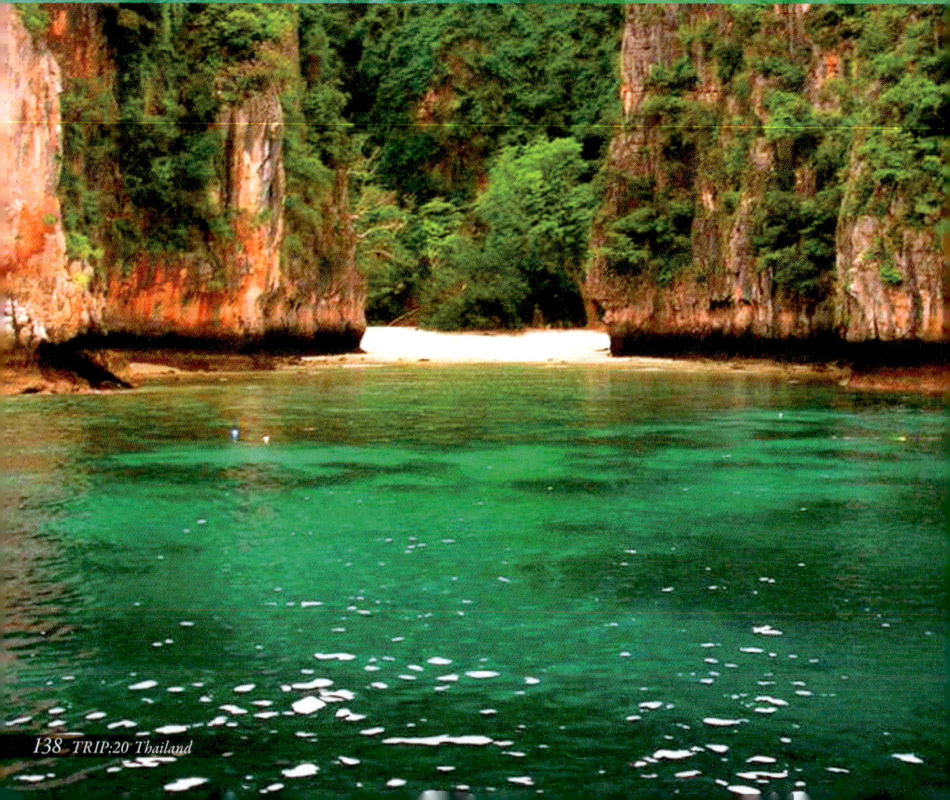

映画の舞台となった秘島
「ピピ島」

タイ南東部に位置する同国最大のリゾートアイランド、プーケット。その更に南東へ約45kmに浮かぶのが珊瑚礁に囲まれたピピ島だ。ピピ「島」と呼ばれてはいるが、厳密には主となる"ピピ・ドン島"に加え、無人島の"ピピ・レイ島"と他、幾つかの小さな島から成る。21世紀になるまで秘島とされてきたこの島が一躍有名になったのは、レオナルド・ディカプリオ主演の映画「ザ・ビーチ」の影響だ。その舞台となったのは、ピピ・レイ島西部にあるマヤベイ。エメラルドグリーンの海に白砂のビーチを岩山が囲む湾。そのひっそりとしたロケーションが、秘密めいた神秘的な雰囲気を醸し出している。ピピ島の魅力はマヤベイだけではない。プーケットからの船が着くトンサイエリアのメインストリートを歩けば、タイ本土とはまた異なるエキゾチックな空気を楽しめるし、シュノーケルで潜ればトロピカルフィッシュにも簡単に出逢える。車もバイクも走らないピピ島の移動は、徒歩か自転車かボートのみ。恵まれた自然を壊さず、ゆったりとした時間が流れる島で、美しいラグーンと椰子の木々に包まれる日々を送ろう。

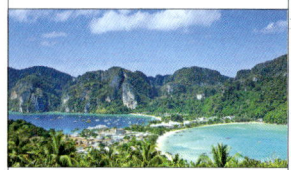

Travel Information: 20

映画の舞台となった秘島
ピピ島

Thailand ／タイ

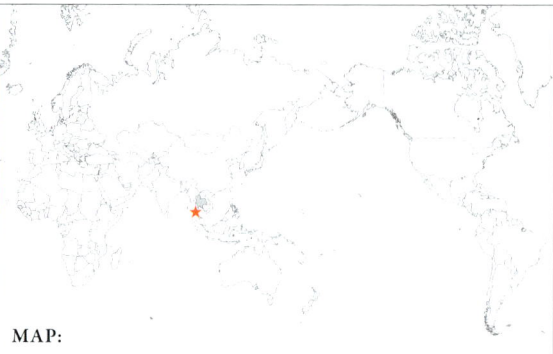

MAP:

1. 旅の予算 Budget

15万円～
<大人1名分の総予算>

▶ 現地予算は本書「プラン例」の目安料金
▶ 飛行機代、現地送迎、宿泊費、食事（朝3回）、現地ツアー代含む、燃油サーチャージ除く

2. 行き方 How to get there

▶ 成田からタイの首都バンコクまで直行便が運行している。そこからプーケットまでは国内線で移動することになる。成田～バンコクは約6時間30分、バンコク～プーケットは約1時間30分。一般的にはプーケットを乗り継いで行くことになるが、クラビでも乗り継ぎが可能だ。プーケットからピピ島まではボートで約2時間。

3. 旅のシーズン Best Season

▶ 4、5月は非常に暑く、6～10月は雨期となる為、11～3月がベストシーズンと言われている。しかし雨期とは言っても6～8月は比較的穏やかで、雨が降ったとしても一時的なスコールがほとんど。宿泊費が安くなるので、費用を抑えたい人にはオススメの時期だ。

4. この旅のヒント Hints for the trip

■ ピピ島内の交通手段は限られているので、他の島へ行きたい場合はボートで行くしかない。ツアーでなく個人で行く際は、ロングテールボートと呼ばれる木製のボートをチャーターすることになる。基本的に料金は交渉制なので、きちんと確認してから乗船しよう。

140 TRIP:20 Thailand

プラン例

1日目	終日	成田発〜バンコク乗り継ぎ〜プーケット着 【プーケット泊】
2日目	午前	ボートにてピピ島へ
	午後	ピピ・ドン島 【ピピ島泊】
3日目	終日	ピピ・ドン島、ピピ・レイ島 【ピピ島泊】
4日目	午前	午前 フリー
	午後	ボートにてプーケットへ、プーケット発〜バンコク乗り継ぎ〜成田へ 【機内泊】
5日目	午前	成田着

Check:1 ピピ・ドン島　　　　チェックポイント

プーケットからの船が着くトンサイエリアがピピ島の中心地。ホテルやレストラン、土産屋などがメインストリートに沿って建ち並ぶ。ツアー催行会社などもあるので、ここを拠点に他の島へもボートで行くことが可能だ。また島の北部にはビーチを擁する高級リゾートもある。

Check:2 ピピ・レイ島　　　　チェックポイント

無人島のピピ・レイ島にはピピ・ドン島からボートツアーで行くことになる。珊瑚礁が美しい"ローサマベイ"で、シュノーケリング、大昔に海賊の拠点だったと言われる洞窟"バイキングケーブ"、鮮やかな色の水を湛える水路"ピレコーブ"などを巡ろう。

Check:3 インターナショナル料理　　　　食事

世界中から旅人が訪れるピピ島には、タイ料理はもちろんフランス、イタリア、そして日本食レストランまでもがある。中でも有名なのは"ピピベーカリー"という老舗パン屋兼カフェ。手作りのパンやドーナツ、ハンバーガーを堪能しよう。

Check:4 プーケット　　　　プラス1日あったら?

タイ南部はアンダマン海に浮かぶ同国最大の島。「アンダマン海の真珠」と称えられるほど美しい海とビーチを擁する島だ。タイ随一のリゾート地なので、海遊びはもちろんショッピング、スパなども充実している。乗り継ぎ地がプーケットの場合は是非。

Check:5 バンコク　　　　プラス1日あったら?

アジアを代表する大都市。寺院や王宮、宮殿などの観光はもちろん、タイ料理をはじめとする世界各国の料理やショッピング、エステ等、楽しみは尽きない。アジア1とも言われる活気と喧噪に溢れる街を楽しもう。

旅の相談と手配先は? Arranging the trip

[エス・ティー・ワールド] ▶ **stworld.jp**

日本を拠点としながらも、世界中にネットワークを持つ旅行会社。タイには現地支店もあるので、とても心強い。旅の日数や宿も含め、色々とアレンジできるので、まずは気軽に相談してみよう。豊富な種類のパッケージ旅行も魅力だ。

TRIP:20 Thailand 141

Vietnam
Con Dao Island

ベトナム「コンダオ島」

悲しき島から神秘の島へ
ベトナム最後の楽園

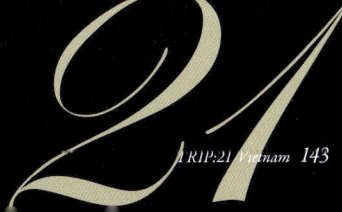

21

144 *TRIP:21 Vietnam*

ベトナム最後の楽園
「コンダオ島」

東南アジアはインドシナ半島東部、南北に細長く延びる国ベトナム。その南部に位置する最大の都市ホーチミンから南へ約250kmの沖合に、大小16の島々からなるコンダオ諸島がある。総称でコンダオ島と呼ばれているものだ。

この島は戦時中「監獄島」、「流刑地」として存在していた歴史がある。過去に悲しい出来事があったのは事実だが、そのような歴史から、手つかずの自然が残っている希有な島となった。島のおよそ80%が国立公園に指定されている程で、ベトナム最後の楽園と呼ばれている。ほんの10年前までは国内線が就航しておらず、船かヘリコプターでしかアクセスができなかったこの島は、旅行雑誌『ロンリープラネット』が選ぶ「世界で最も神秘な島トップ9」に見事選出された。かつては悲しき島だったが、現在ではハリウッドセレブたちも訪れる魅力的な島として生まれかわったのだ。歴史的背景に想いを馳せながら、ベトナム1との呼び声高き美しい海で、シュノーケリングやダイビング、リゾートライフを満喫しよう。

Travel Information: 21

ベトナム最後の楽園
コンダオ島

⭐ Vietnam／ベトナム

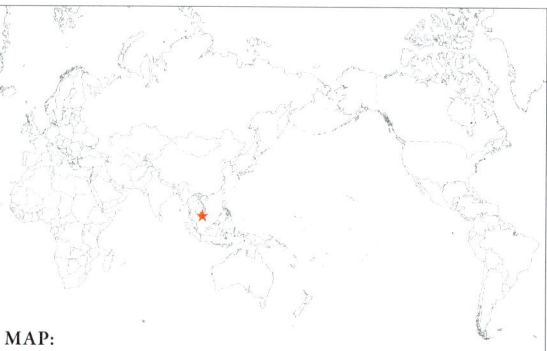

MAP:

1. 旅の予算 Budget

15万円〜
＜大人1名分の総予算＞

▶現地予算は本書「プラン例」の目安料金
飛行機代、現地送迎、宿泊費、食事（朝3回）含む、現地ツアー代、燃油サーチャージ除く

2. 行き方 How to get there

▶成田からベトナムのホーチミンまで直行便が運行している。そこからコンダオ島までは国内線で移動することになる。成田〜ホーチミンは約6時間、ホーチミン〜コンダオ島は約1時間。

3. 旅のシーズン Best Season

▶2〜6月は乾期、7〜9月は雨期、10〜1月は比較的風が強いシーズン。雨期は海の透明度が上がらないことがあるので、避けた方が無難。また、10〜2月は涼しくなることもあるので、泳ぐことを目的とするならば、暖かい3〜6月がベストシーズンと言える。

4. この旅のヒント Hints for the trip

▶コンダオ島には数軒のホテルがあるが、本書では、Six Senses Con Dao を前提に紹介した。
自然環境に配慮し建てられたリゾートで、長い砂浜に50棟のヴィラが建ち並び、プールから眺める南シナ海が美しい。
▶島にはタクシーがないので、空港からホテルまでは事前に送迎を依頼しておこう。上記リゾートまでは車で約15分。

146 TRIP:21 Vietnam

プラン例

1日目	午前	成田発～ホーチミン着
	午後	ホーチミン　【ホーチミン泊】
2日目	午前	ホーチミン発～コンダオ島着
	午後	フリー　【コンダオ島泊】
3日目	終日	フリー　【コンダオ島泊】
4日目	午前	フリー
	午後	コンダオ島発～ホーチミン着
	深夜	ホーチミン発～成田へ　【機内泊】
5日目	午前	成田着

Check:1 ホーチミン　　チェックポイント
かつてはサイゴンと呼ばれた、ベトナム1の大都市。フランス植民地時代の香りが今も残る街だ。ホーチミンに到着したら、全身から足つぼまで揃うマッサージがオススメ。また、写真付きのメニューを揃える屋台も多くあるので、気軽に夕食も楽しめる。

Check:2 コンダオ島　　チェックポイント
コンダオ諸島でメインとなるのは、コンソン島。海では運次第でジュゴンや海ガメに遭遇できることも。島内は島唯一の市場「コンダオ市場」や歴史展示館、レストランがあるぐらいで見所は多くないが、それが長きに渡り開発されていなかった証拠。素朴な自然を堪能しよう。

Check:3 ベトナムコーヒー　　食事
ベトナム特有の鈍く輝くシルバーのフィルターを通して淹れるベトナムコーヒー。最大の特徴はコンデンスミルクを多めに入れること。濃厚な甘さはクセになる美味しさだ。コーヒーフィルターセットなども土産屋で購入できるので、是非トライしてみよう。

Check:4 SIX SENSES CON DAO　　宿泊
アジア、中東に展開するラグジュアリーリゾート。快適性を損なうことなく、ラグジュアリーとエコを見事なまでに融合させている。環境に優しいエコリゾートで極上のコンダオ島滞在を満喫したい。
▶ www.sixsenses.com/SixSensesConDao

Check:5 ホーチミン　　プラス1日あったら？
街中では、雑貨店や飲食店が軒を連ねるドンコイ通りや庶民の台所である市場、歴史博物館見学などを楽しめる。郊外へと足を運べば戦時中に張り巡らされた地下道クチトンネルやベトナム南部の命の源メコン川クルーズなど、楽しみには事欠かない街だ。

旅の相談と手配先は？ Arranging the trip

【マゼランリゾーツアンドトラスト株式会社】　▶ www.magellanresorts.co.jp

海外のラグジュアリーリゾートを専門に取り扱う旅行会社。専門に取り扱うからこその豊富な知識と経験は、より旅を有意義なものにしてくれる。もちろん現地リゾートへの航空券も手配可能なので、パッケージで依頼することが可能だ。まずは気軽に問い合わせてみよう。

Seychelles
Praslin Island, La Digue Island

セイシェル「プララン島・ラディーグ島」

インド洋に取り残された大陸のかけら
地上最後の楽園と称えられる島々

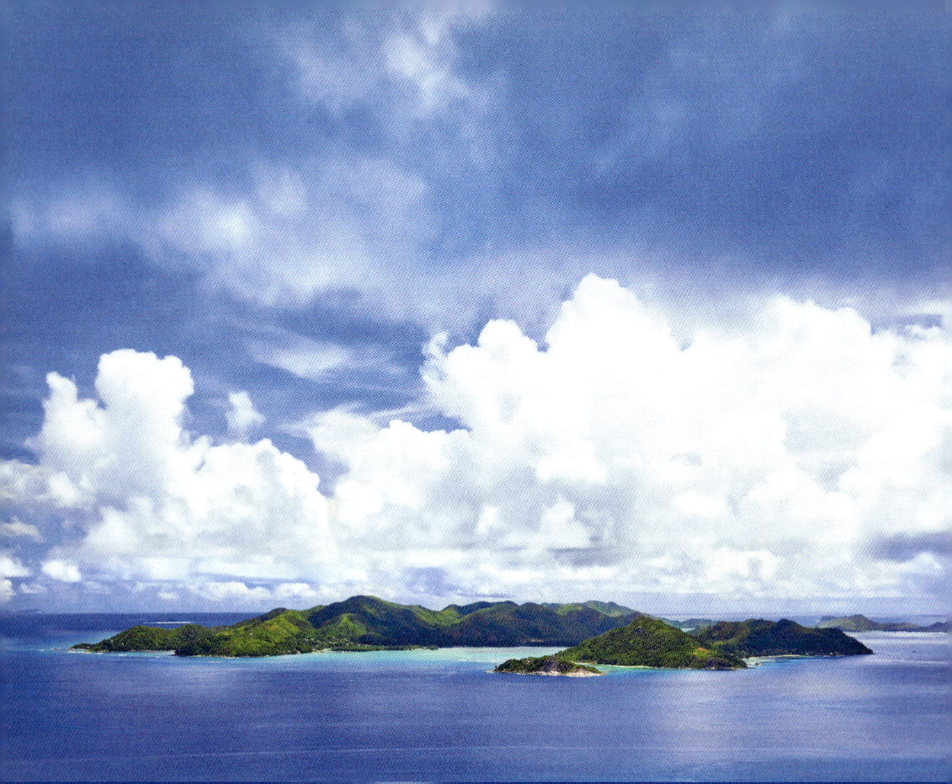

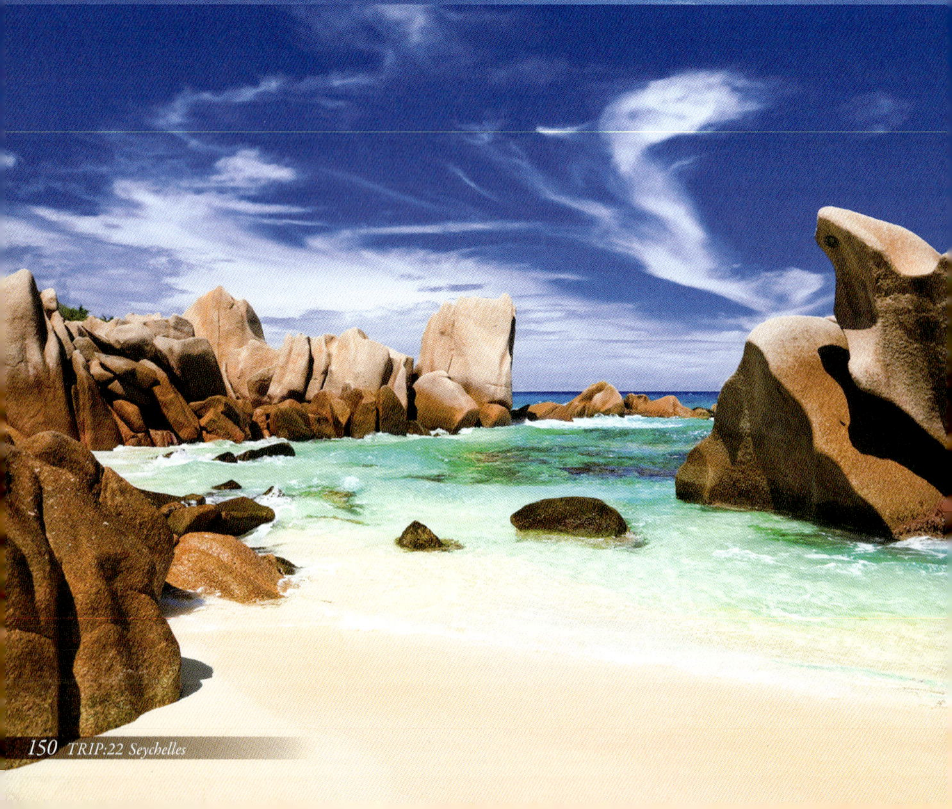

エデンの園
「プララン島、ラディーグ島」

かつて上陸したフランスの探検隊が"エデンの園"として疑わなかったセイシェル。インドの南西、アフリカ大陸から約1,300km離れた所に位置し、115もの島々からなる国だ。この島々は1億年の大陸移動から取り残されたもので、「大陸のかけら」と呼ばれ、豊かな自然と生き物が手付かずで残り、地上最後の楽園と称えられている。また、陸地の約40%はヒマラヤ山脈と同じ花崗岩で出来ており、それらが独特な景観を生み出している。セイシェルのメインアイランドは、世界一小さな首都ヴィクトリアを擁するマヘ島。この島を拠点として、離島へと渡ろう。どの島にも美しい海が広がっているが、まずオススメしたいのが、プララン島北西に位置するアンセラディオ。周りは豊かな緑に囲まれ、澄んだブルーの海に白い砂浜が輝き、世界のベストビーチトップ10にも常にランクインするパラダイスビーチだ。もうひとつは、ラディーグ島南西にあるアンセソースダルジャン。花崗岩と透明度の高いターコイズブルーの海とのバランスが絶妙で、雑誌『ナショナルジオグラフィック』で最も好ましいビーチに選ばれ、世界で最も写真を撮られたとも言われている。このふたつのビーチへは一度に、そして日帰りで行くことが可能だ。地上最後の楽園での究極のビーチで、心ゆくまで五感を癒そう。

Travel Information: 22

エデンの園
プララン島・ラディーグ島

Seychelles／セイシェル

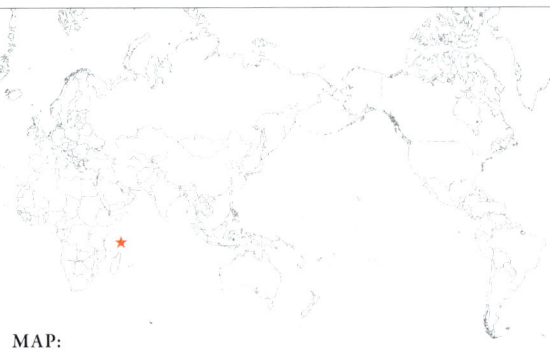

MAP:

旅の予算
Budget

18万円〜
<大人1名分の総予算>

1

▶現地予算は本書「プラン例」の目安料金
飛行機代、現地送迎、宿泊費（2人部屋利用時の1人分料金）、食事（昼1回）、3日目のツアー代含む、燃油サーチャージ除く

行き方
How to get there

2

▶成田からセイシェルの玄関口、ヴィクトリアまでの直行便はない。アラブ首長国連邦のドバイや、カタールのドーハ、またはシンガポールで乗り継いでいくのが一般的だ。成田〜ドバイは約12時間、ドバイ〜ヴィクトリアは約4時間30分。マヘ島からプララン島へは飛行機で15分、またはフェリーで約45分。

旅のシーズン
Best Season

3

▶常夏の島で、年間の気温はほとんど変化しない。その為、1年中泳ぐことが可能だが、中でも乾期にあたる5〜9月がベストシーズンと言える。

この旅のヒント
Hints for the trip

4

■防水仕様のカメラを持っていくのもオススメ。透明度の高い水中世界を撮ってみよう。
■帰路の乗り継ぎ地がドバイの場合、基本的に約14時間の待機時間がある。これは便の都合でどうしても発生してしまうものだが、この機会にドバイも遊んでみよう。ドバイでの遊びに関しても右ページで紹介している旅行会社に問い合わせが可能だ。

プラン例

1日目	夜	成田発〜ドバイへ　【機内泊】
2日目	午前	ドバイ着、ドバイ発〜ヴィクトリア着
	午後	ヴィクトリア観光　【マヘ島泊】
3日目	終日	プララン島、ラディーグ島　【マヘ島泊】
4日目	午前	ヴィクトリア発〜ドバイ着
	午後	ドバイ観光
	深夜	ドバイ発〜成田へ　【機内泊】
5日目	午後	成田着

Check:1 ヴィクトリア　　チェックポイント

イギリス植民地時代の名残である時計台を中心に広がる町。ほとんど徒歩で散策できるくらい、こぢんまりとしている。また、この島の北西部にも美しいバーボロンビーチがある。ライフガードが常駐しているので安心だ。

Check:2 プララン島　　チェックポイント

マヘ島に次ぎ、セイシェルで2番目に大きな島。シュノーケリングに絶好の遠浅の海「ANSE LAZIO／アンセラディオ」で海遊びを堪能したい。また、緑豊かな世界遺産「ヴァレ・ド・メ国立公園」があることでも知られているので、時間が許せばそこに生息する双子椰子も見たい。

Check:3 ラディーグ島　　チェックポイント

南の島特有の日射しに照らされ輝く白砂、透き通った穏やかな海が奏でる波の音、葉を揺らす椰子の木。そして巨岩が点在する独特の景観で世界を魅了するアンススールダルジャンビーチ。世界一のビーチにも選出された経験を持つ素晴らしい場所だ。

Check:4 双子椰子　　ショッピング

セイシェルにのみ生息する特異な形をした実が成る椰子の木。それは双子椰子と呼ばれ、世界一大きなその実はセイシェルのシンボルになっている。それを模したお土産が様々な場所で販売されている。記念にひとついかが？

Check:5 ドバイ　　プラス1日あったら？

世界一と言っても過言ではない、成長著しい都市。乗り継ぎ地がドバイであれば1泊して遊ぶのもオススメ。砂漠を四輪駆動車で巡るデザートサファリをはじめサンドボード（スノーボードの砂バージョン）やダウ船クルーズなどを楽しむことができる。

[Five Star Club] ▶ www.fivestar-club.jp

世界中を手配範囲とする旅行会社。多種多様なテーマでのパッケージツアーに加え、オーダーメイドももちろん手配OK。Five Star Clubがプロデュースするこだわりの旅は、とても魅力的。まずは、気軽に連絡するところから始めてみよう。

Fiji
Viti Levu Island

🇬🇧 フィジー「ビチレブ島」

笑顔と人々が交差する
南太平洋の十字路でアイランドトリップ

23

TRIP:23 Fiji

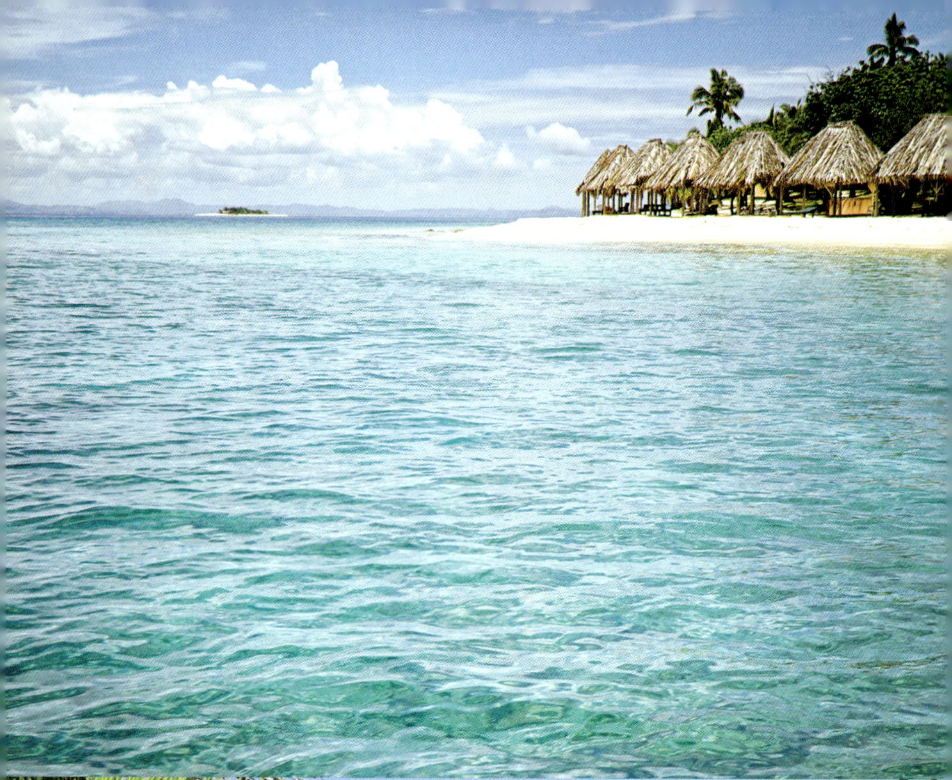

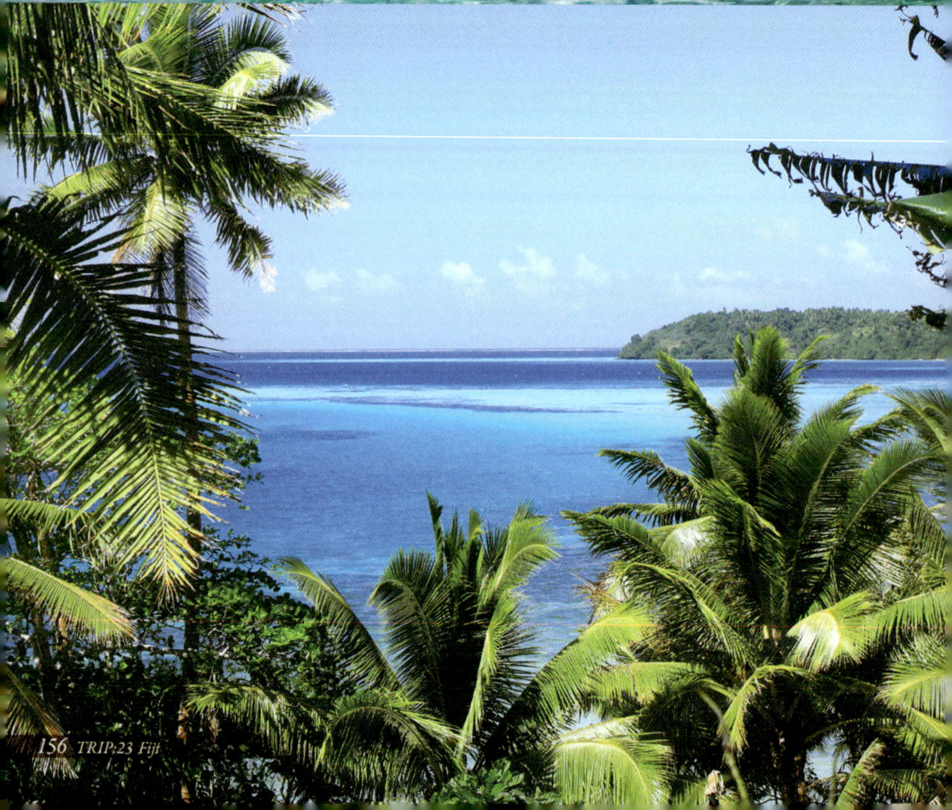

南太平洋の十字路
「ビチレブ島」

日本から南東へ約7,000km、330以上もの島々からなる国、フィジー。周辺国や多民族が行き交うことから、南太平洋の十字路と称されている。その中心となるのは、プルメリアやブーゲンビリアなど熱帯の花々が咲き乱れる最大の島、ビチレブ。同島西部の都市ナンディは首都スバ、ラウトカに継ぐ第3の街でありながら、国際空港を擁す為、一番の中心地となっている。レストランやカフェ、クラフトショップなどが揃い賑やかな街並みが続く一方で、様々なアクティビティの拠点にもなっている。海遊びを求めるなら離島に足を運びたい。フィジーで一番人気のマナ島や1周20分ほどの小さなビーチコマー島などへは気軽にワンデーでトリップすることができる。珊瑚礁に囲まれた透き通る海で、シュノーケリングなどマリンアクティビティを楽しもう。ビチレブ島では、様々なシチュエーションで催されるカバの儀式や、メケと呼ばれる伝統的な歌と踊りなども観賞することが可能だ。離島もビチレブも、フィジーの島々には魅力が溢れている。

Travel Information: 23

南太平洋の十字路
ビチレブ島
Fiji／フィジー 

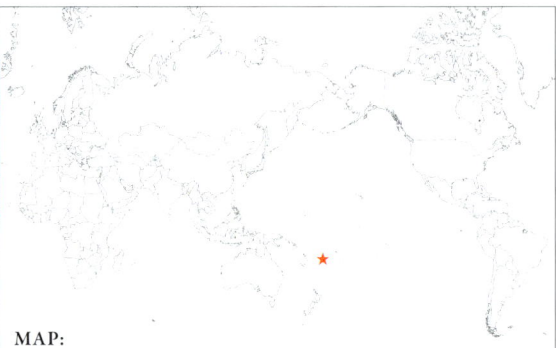

MAP:

旅の予算
Budget
10万円〜
＜大人1名分の総予算＞

1

▶現地予算は本書「プラン例」の目安料金
飛行機代、現地送迎、宿泊費、食事（朝2回、昼3回、夕1回）、現地ツアー代含む、燃油サーチャージ除く

行き方
How to get there

2

▶成田からフィジーの玄関口ナンディまでの直行便はない。最近では韓国のソウル又は香港乗り継ぎが一般的だ。グアムなどでも乗り継ぎが可能だが、ソウルの方がスムーズに接続できるのでオススメ。成田〜ソウルは約2時間40分、ソウル〜ナンディは約10時間。

旅のシーズン
Best Season

3

▶一年を通じて温暖な気候だが、7〜9月は若干冷え込むことがある。乾期（5〜11月）と雨期（12〜4月）に分かれているが、雨期でも1日中雨が降り続くことはまれだ。しかし可能であれば爽やかな晴天を期待できる乾期に訪れたい。中でも6〜9月がベストシーズンと言われている。

この旅のヒント
Hints for the trip

4

■本書ではナンディ滞在型で紹介したが、離島滞在ももちろん可能だ。ビチレブ島周辺には1島1リゾートも多くあるので、移動を極力少なくしたい人は1カ所滞在型もオススメ。どちらでもフィジーの笑顔と海を堪能することができる。

プラン例

1日目	午後	成田発～ソウル乗り継ぎ～ナンディへ 【機内泊】
2日目	午前	ナンディ着、ナンディ半日観光
	午後	サンセットディナークルーズ 【ナンディ泊】
3日目	終日	マナ島 【ナンディ泊】
4日目	終日	ビーチコマー島 【ナンディ泊】
5日目	終日	ナンディ発～ソウル乗り継ぎ～成田着

Check:1 ナンディ半日観光　　チェックポイント

フィジアンビレッジを訪問し、伝統的な衣装に身を包んだ人々の文化にふれよう。胡椒科の木の根を乾燥させた後に水で湿らせて絞ってできる飲み物「カバ」を飲む儀式やメケショーを体験、庶民の台所野菜市場などを見学。離島とはまた違ったフィジーの魅力に出逢える。

Check:2 マナ島　　チェックポイント

ナンディのデナラウ港から船で約90分、軽飛行機なら約15分の位置にある。フィジーで1番人気の珊瑚に囲まれた島で、真っ白な砂浜とクリアブルーの綺麗なビーチが特徴だ。各種マリンアクティビティも揃うので、遊ぶのも、ただひたすらとのんびりするのもオススメの島。

Check:3 ビーチコマー島　　チェックポイント

こちらはナンディから船で約45分。珊瑚に囲まれた1周約20分の小さな島だ。白い砂浜と透き通る海が広がる。グラスボトムボートやシュノーケルで、水中世界へとトリップすれば珊瑚や海ガメに出逢うことができる。

Check:4 サンセットディナークルーズ　　食事

1日目の到着後にナンディ半日観光をしたら、是非サンセットディナークルーズへ。水平線に沈んでゆく太陽を眺めながら、優雅にクルーズ船上で食事を楽しもう。メインには新鮮なロブスターをチョイス。帰港する頃には南十字星が望めるかも。

Check:5 ソウル　　プラス1日あったら?

乗り継ぎ地がソウルであれば、1日滞在するのもオススメ。本場の石焼きビビンバや焼き肉を食べて、韓国式エステに行って、旅の疲れを癒してみては? 免税店なども揃うので、ショッピング好きにも楽しめる街だ。

旅の相談と手配先は? [エス・ティー・ワールド] ▶stworld.jp

日本を拠点としながらも、世界中にネットワークを持つ旅行会社。フィジーには現地支店もあるので、とても心強い。旅の日数や宿も含め、色々とアレンジできるので、まずは気軽に相談してみよう。豊富な種類のパッケージ旅行も魅力だ。

TRIP:23 Fiji 159

Malta
Malta Island

マルタ「マルタ島」

燦々と輝く地中海の中心
海と太陽が織り成す南欧アイランド

TRIP:24 Malta 161

162 *TRIP:24 Malta*

海と太陽が織り成す南欧アイランド
「マルタ島」

温暖な気候と地中海がもたらす解放感が、多くの旅人を惹き付ける南欧＝南ヨーロッパ。イタリア南部はシチリア島の南約90kmに、そのひとつ「地中海のヘソ」と呼ばれるマルタは浮かんでいる。本島となるマルタ島に加えゴゾ島、コミノ島、他2つの小さな無人島からなる島国だ。周りを囲む海は、平均30m、コンディション次第では50mにも及ぶ透明度の高さを誇る。その透き通る海を求め、毎年ヨーロッパ各地からダイバーが集うことでも知られている。中心となるのは、マルタ島東部に位置する中世の面影を色濃く残す街、バレッタ。マルタ騎士団が築いたこの要塞都市は、世界遺産にも登録されている。南部の海岸線には「ブルーグロット」と呼ばれる、長年に渡って浸食されてできた幾つもの洞門がある。そこでは、地中海に降り注ぐ太陽と海が織り成す見事なまでに輝くブルーグラデーションを堪能することができる。またコミノ島の海へ訪れれば、圧倒的な美しさを放つ「ブルーラグーン」と呼ばれる海も待っている。南欧情緒漂う海と歴史溢れる島。海遊びをしたい人も、異国の街を歩きたい人も楽しめる、地中海の中心、マルタを旅しよう。

TRIP:24 Malta

Travel Information: 24

海と太陽が織り成す南欧アイランド
マルタ島
Malta ／マルタ

MAP:

旅の予算
Budget

13万円〜
＜大人1名分の総予算＞

1

▶現地予算は本書「プラン例」の目安料金
飛行機代、現地送迎、宿泊費（2人部屋利用時の1人分料金）、2・3日目のツアー代含む、燃油サーチャージ除く

行き方
How to get there

2

▶日本からマルタ島までの直行便はない。ドイツのフランクフルトなどのヨーロッパやドバイなど中東で乗り継ぎ、マルタ島の玄関口バレッタへと向かう。成田〜フランクフルトは約12時間、フランクフルト〜バレッタは約2時間30分。

旅のシーズン
Best Season

3

▶温暖な地中海性気候に属するマルタ。夏は湿気とは無縁のカラッとした気持ちいい気候を楽しむことができる。一年中訪問することが可能だが、泳ぐ事を考えると6月中旬〜9月中旬に訪れたい。

この旅のヒント
Hints for the trip

4

■青の洞門は天候によってはボートを出すことができず、訪れることができなくなることもあるので、注意しよう。また訪れる際は、海が一際美しく輝く午前中に訪れたい。

164 TRIP:24 Malta

プラン例

1日目	終日	成田発～フランクフルト乗り継ぎ～バレッタ着　【バレッタ泊】
2日目	午前	青の洞門、マルサシュロック
	午後	バレッタ旧市街　【バレッタ泊】
3日目	終日	マルタ島&コミノ島クルーズ　【バレッタ泊】
4日目	終日	バレッタ発～フランクフルト乗り継ぎ～成田へ　【機内泊】
5日目	午前	成田着

Check:1 マルサシュロック　　チェックポイント

バレッタから車で約30分、島の南東部に位置する漁村。「ルッツ」と呼ばれるカラフルな漁船が港を彩り、素敵な世界観を醸し出している。どの船にも、漁の無事を祈るおまじないとして「目」が描かれている。海に面して軒を連ねるシーフードレストランでの昼食も是非。

Check:2 バレッタ旧市街　　チェックポイント

聖地巡礼を行うキリスト教徒の守護者として活躍してきた「マルタ騎士団」。彼らが外敵の侵入に備え築いたこの街には、随所にその姿が残っている。歴史情緒溢れる建物には飲食店や土産屋などもあり、散策しているだけでも中世にタイムスリップできる。

Check:3 コミノ島　　チェックポイント

夏の間のみ一般客にも開放される、マルタ島とゴゾ島の間に浮かぶ小さな島。目当てはやはり極彩色の海「ブルーラグーン」。海好きならば絶対に訪れたいスポットだ。コミノ島へはマルタ島から高速ボートやクルーズ船で訪れることができる。

Check:4 世界遺産　　プラス1日あったら？

バレッタの旧市街をはじめ、他にも世界遺産を抱くマルタ。人類最古の石造建築と呼ばれる「巨石神殿群」や、世界で唯一先史以前（紀元前2500年）に築かれた地下墳墓「ハル・サフリエニ」などが見所。なお、後者は完全予約制となっているので注意しよう。

Check:5 フランクフルト　　プラス1日あったら？

乗り継ぎ地となるドイツはフランクフルト。近代的なビルが建ち並ぶ経済、金融の中心地でもある一方で、復元された旧市庁舎など、中世の歴史にふれることもできる。またかの文豪ゲーテの出生地としても知られ、生家などを見学することも可能だ。

[Five Star Club] ▶ **www.fivestar-club.jp**

世界中を手配範囲とする旅行会社。多種多様なテーマでのパッケージツアーに加え、オーダーメイドももちろん手配OK。Five Star Clubがプロデュースするこだわりの旅は、とても魅力的。まずは、気軽に連絡するところから始めてみよう。

TRIP:24 Malta

Bahamas
Nassau

バハマ「ナッソー」

鮮やかなカリビアンブルーに映える
淡く美しいピンクサンドビーチ

168 TRIP:25 Bahamas

奇跡の色彩、ピンクサンドビーチ
「ナッソー」

アメリカはフロリダ半島の南東、キューバの北東に位置し、700以上もの島々からなる国バハマ。その首都であり、玄関口でもあるナッソーを擁する、同国最大のニュープロビデンス島は、ホテルやビーチ、レストラン、土産屋などの施設が揃っているので、快適に、楽しく滞在をすることができる。この島を拠点にして足を運びたいのが、エルーセラ島北部に浮かぶ、「カリブ海で最も愛らしい島」と称されるハーバーアイランドだ。ピンク、水色、紫などのパステルカラーに彩られた家々が建ち並び、南国特有のカラフルな花々と共に目を楽しませてくれる。そして一番のハイライトが、"ピンクサンドビーチ"と名付けられた、淡いピンクに染まるビーチ。バハマ名物の紅いコンク貝の殻が細かく砕け、珊瑚の白砂と混じり合い、奇跡とも言える色彩を生み出している。カリビアンブルーのカリブ海と、光り輝くきめ細かい砂で彩られたビーチ。それらが作り上げる奇跡の空間に身を置けば、まるで物語の中にいるような錯覚を抱くだろう。

Travel Information: 25

奇跡の色彩、ピンクサンドビーチ
ナッソー

Bahamas／バハマ

MAP:

1. 旅の予算 Budget

23万円〜
＜大人1名分の総予算＞

▶現地予算は本書「プラン例」の目安料金
飛行機代、現地送迎、宿泊費（2人部屋利用時の1人分料金）、2・3日目のツアー代含む、食費、燃油サーチャージ除く

2. 行き方 How to get there

▶成田からバハマの玄関口ナッソーまでの直行便はない。その為、米国1都市又は2都市での乗り継ぎが必要となる。米国ではアトランタやダラス等の都市で乗り継ぐことによって、同日に現地入りすることができる。逆に便によっては米国で1泊しなければならない場合があるので、注意しよう。

3. 旅のシーズン Best Season

▶1年を通じて温暖な気候だが、暑さがやわらぐ12〜3月がベストシーズンと言われている。もちろん他の時期でも渡航可能だが、ハリケーンシーズンとなる7〜10月は避けた方が無難。

4. この旅のヒント Hints for the trip

■1年を通して温暖な気候だが、タイミングによっては朝晩が冷えることも。温暖なカリブとはいえ、油断せずに羽織れる物を1枚持っていこう。

■本書ではバハマの代名詞にもなっているリゾート、ATLANTIS PARADISE ISLAND BAHMASに宿泊することを前提に紹介した。他にもリゾートはあるが、バハマへ訪れるなら最もオススメしたい。

プラン例

1日目	午後	成田発〜米国1、2都市乗り継ぎ〜ナッソー着 【ナッソー泊】
2日目	終日	ハーバーアイランド 【ナッソー泊】
3日目	終日	フリー 【ナッソー泊】
4日目	終日	ナッソー発〜米国1、2都市乗り継ぎ〜成田へ 【機内泊】
5日目	午後	成田着

Check:1 ナッソー　　チェックポイント
カリブ海を巡る大型客船が多く寄港することでも知られるナッソー。イギリス植民地時代の面影が色濃く残るダウンタウンにある"ストローマーケット"は、土産屋が建ち並ぶ賑やかなエリア。ホテルで滞在するだけではなく、ダウンタウンも散策してみよう。

Check:2 コンク貝　　食事
島国だけに新鮮なシーフードを食すことができるが、中でもオススメはバハマ名物のコンク貝料理。サラダや天ぷら、ピザなど様々なものがあるので、ライムを搾ってトライしてみよう。

Check:3 ATLANTIS PARADISE ISLAND BAHAMAS　　宿泊
伝説の古代都市「アトランティス」をモチーフに建てられた、ナッソーの巨大リゾートホテル。水族館やピラミッドを模したウォータースライダー、大小10以上ものプールにカジノ…と数日あっても足りないぐらい施設が充実している。▶ www.atlantis.com

Check:4 ドルフィンスイム　　プラス1日あったら？
ナッソーからフェリーで約30分に位置するブルーラグーン島。ここでは、イルカと遊べるアクティビティが体験できる。特にイルカ2頭が口で両足の裏を押しながら泳いでくれる"イルカジェット"は大興奮間違いなし。

Check:5 マリンアクティビティ　　プラス1日あったら？
ドルフィンスイム以外にも、ボートをチャーターしてのフィッシング、サメと泳ぐシャークダイブ、初心者でも安心の体験ダイビング、180度見渡せるヘルメットが付いた水中バイク、半潜水艦での水中探検など、様々なマリンアクティビティが体験できる。

旅の相談と手配先は？ [エス・ティー・ワールド] ▶ stworld.jp
日本を拠点としながらも、世界中にネットワークを持つ旅行会社。旅の日数や宿も含め、色々とアレンジできるので、まずは気軽に相談してみよう。豊富な種類のパッケージ旅行も魅力だ。

Northern Mariana Islands
Saipan Island

北マリアナ諸島「サイパン島」

輝くマリアナブルーの海
穏やかな風が吹く癒しの島

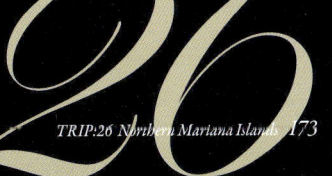

TRIP:26 Northern Mariana Islands /173

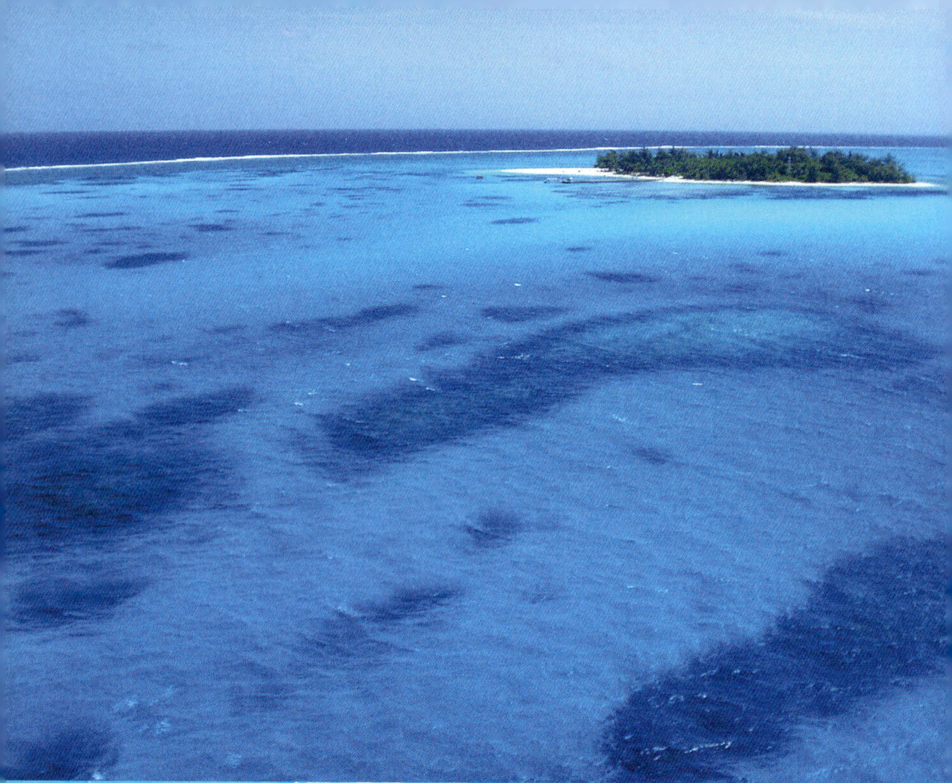

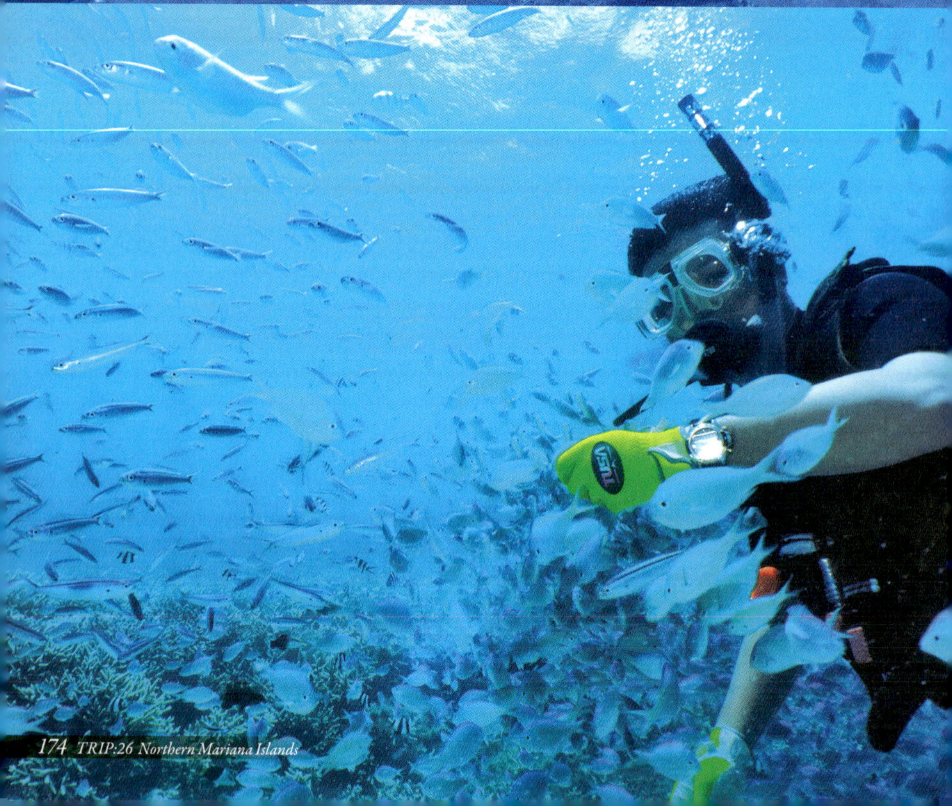

癒しの島
「サイパン島」

日本の南東、フィリピンの東に位置するアメリカ合衆国自治領北マリアナ諸島。そこに連なる14の島のひとつであり、中心となっているのがサイパン島だ。島を囲むのは、世界屈指の透明度を誇る「マリアナブルー」と称される海。年間の気温が27℃とほぼ一定を保っていることから一年中美しい海で遊ぶことが可能だ。水中世界へと身を委ねれば珊瑚礁と熱帯魚に簡単に出逢うことができる。サイパンでは子供も大人も気軽に水中を冒険できることも嬉しいポイント。小型タンク付きのライフジャケットを着用するシュノーケリング"サシー"では5〜56歳まで参加でき、通常の半分の重量の機材を使う体験ダイビング"バブルメーカー"は8〜60歳までOK。もちろんレジャー用潜水艦での海中散策やバナナボートなど、その他のマリンアクティビティも充実している。ランドアクティビティへと目を移せば、サーキットでのカートレースや、四輪駆動車でのオフロードドライブ、マウンテンバイクでのアドベンチャーツアーなども揃う。アクティビティが豊富な一方で、この島には忙しい雰囲気はなく、穏やかな風と素朴な自然環境からゆったりとした時間が流れる。「癒しの島」とも「ゆとりの島」とも呼ばれるサイパンは、日本からもっとも近く気軽に行ける楽園のひとつ。家族とでも友人とでもカップルでも、身近な南国を旅しよう。

Travel Information: 26

癒しの島
サイパン島
Northern Mariana Islands ／北マリアナ諸島

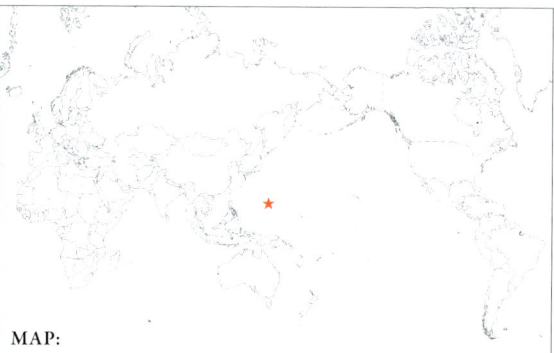

MAP:

旅の予算
Budget

7万円〜
<大人1名分の総予算>

1

▶現地予算は本書「プラン例」の目安料金
飛行機代、現地送迎、宿泊費（2人部屋利用時の1人分料金）、食事（朝3回）、4日目の移動費含む、燃油サーチャージ除く

行き方
How to get there

2

▶成田からサイパン島まで直行便が運行している。成田〜サイパン島は約3時間30分。飛行時間が短いことが嬉しい。

旅のシーズン
Best Season

3

▶「年間平均気温がほとんど変わらない島」でギネスブックに登録されているほどの常夏の島。季節の変わり目ははっきりしないが、雨期（4〜10月）には一時的なスコールが降ることも。

この旅のヒント
Hints for the trip

4

■島内の移動は、主要ホテルとショッピングモールを巡回するシャトルバスやタクシーが便利。また島内を自由に移動したい人にはレンタカーがオススメ。サイパンは、日本の運転免許証を持っている21歳以上ならば国際免許は不要だ。

プラン例

1日目	終日	成田発〜サイパンへ
	深夜	サイパン着 【サイパン島泊】
2日目	終日	フリー 【サイパン島泊】
3日目	終日	フリー 【サイパン島泊】
4日目	終日	マニャガハ島 【サイパン島泊】
5日目	終日	サイパン発〜成田着

Check:1 マニャガハ島　　チェックポイント
サイパン島と同じラグーン内にある周囲1.5kmの珊瑚に囲まれた小さな無人島。サイパン島から船で15分ほどの位置にある。純白の砂浜と透明度の高い海が人気で、マリンスポーツが盛んだ。サイパンを訪れたら一度は行きたい島。

Check:2 ローカルフィッシュ　　食事
綺麗な海でとれた新鮮な地魚を食べてみよう。海外では珍しく刺身もよく食べられている。先住民チャモロ族の伝統料理では揚げたり蒸したりした魚に、フィナデニソースという酸味のある辛いソースを付けて食べる。是非トライしてみよう。

Check:3 ボージョボー人形　　ショッピング
サイパン、テニアン、ロタなどの北マリアナ諸島のチャモロ族に伝わる願掛けの人形。木の実やココナッツから出来ていて、女の子と男の子の2体で一組。お願い事の内容によって、2体の手足をいろいろな方法で結び、見える所に飾り、強く信じると願いが叶うと言われている。

Check:4 テニアン島　　プラス1日あったら？
テニアンはサイパンの南南西約5kmにある島で、セスナ機で約10分。近年ホテルやカジノが出来たが、信号機がないほど田舎で緑が多い。浜にはウミガメが訪れ、海水は透明度80mをも記録する世界有数の美しさ。古代タガ王朝の遺跡や海中洞窟などもある。

Check:5 ロタ島　　プラス1日あったら？
ロタはサイパンとグアムの中間にある島で、セスナ機で約30分。リゾート開発されていない為、昔ながらの南洋の島を楽しむことができる。バードサンクチュアリと言われる断崖絶壁では珍しい野鳥も観察できる。島人たちもフレンドリーなので、心からリラックスができる。

旅の相談と手配先は？ Arranging the trip

[H.I.S.] ▶ www.his-j.com
広範囲に渡って世界中に支店を持つ旅行会社。その手配範囲の広さとリーズナブルな金額設定が魅力的だ。日本全国にあるH.I.S.の営業所にて旅の相談や手配が可能なので、まずは気軽に問い合わせしてみよう。またサイパンにも支店があるので、とても心強い。

Maldives
South Male Atoll

モルディブ 「南マーレ環礁」

インド洋に浮かぶ真珠の首飾り
モルディブの碧い海に包まれる小さな島

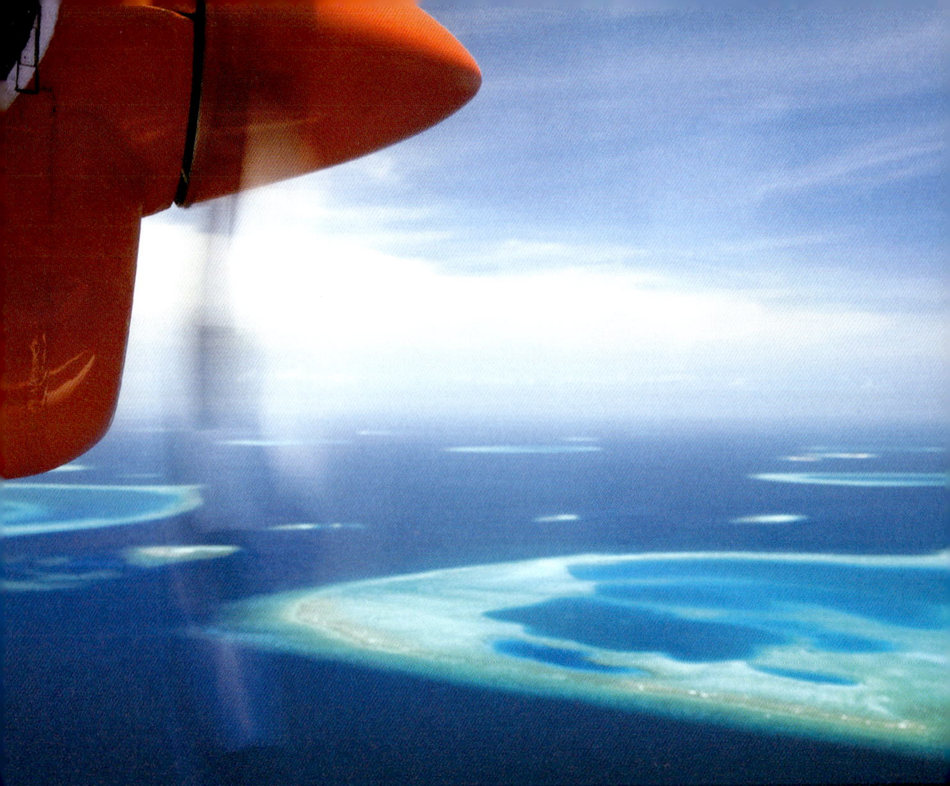

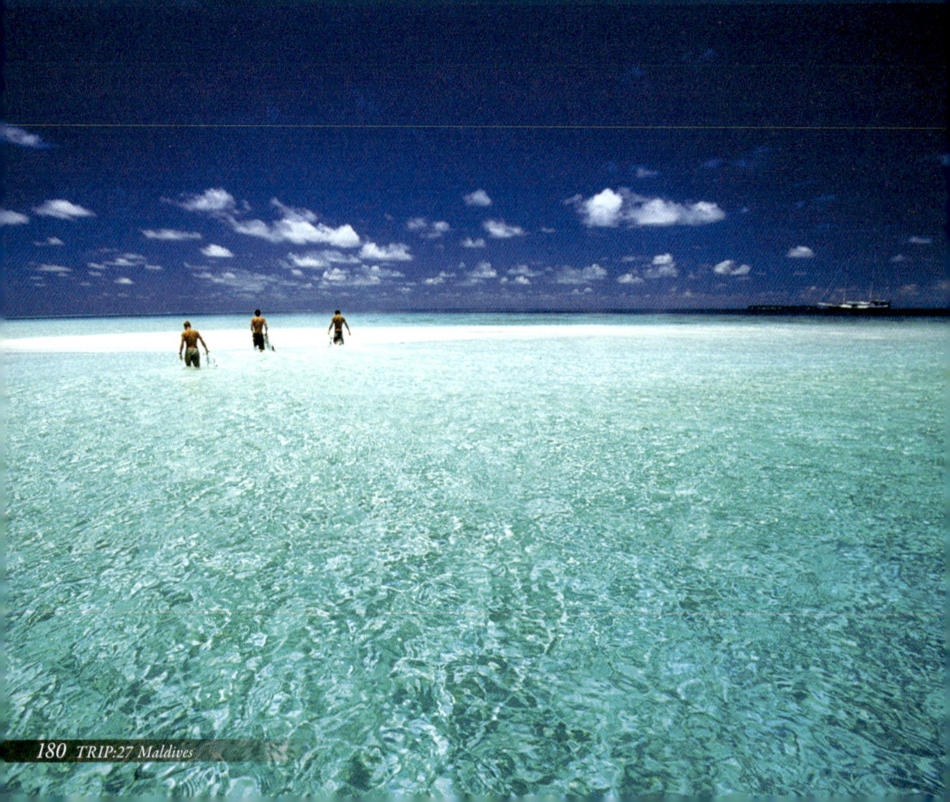

素朴なナチュラルリゾート
「南マーレ環礁」

"島々の花輪"、"真珠の首飾り"とも称されるモルディブ諸島。約1,200もの美しい島々が南北に連なる様からこう呼ばれている。一帯に広がるのは、楽園の代名詞とも言える碧い海。世界中から訪れるゲストの為、100以上の島々にリゾートが築かれている。どれも素晴らしいが、島という立地もあり、費用は少々高め。本章では、その中でもリーズナブルにモルディブの楽園を満喫できる南マーレ環礁のリゾートを紹介したい。1周20分ほどの小さな島にある、アットホームで、素朴な表情を残すナチュラルリゾート"ファンアイランド"だ。

透き通る海、白いパウダーサンドのビーチ、ゲストルームにはレストラン、バーなどが一通り揃い、シュノーケリングやカタマラン（双胴船）でのセーリング、ジェットスキー、カヌー、ウインドサーフィンなど、様々なマリンアクティビティも楽しめる。

モルディブの美しい海に包まれた小さな島で、心ゆくまでのんびりと、シンプルで素朴でリーズナブルな旅を楽しもう。

Travel Information: 27

素朴なナチュラルリゾート
南マーレ環礁

Maldives ／モルディブ

MAP:

旅の予算
Budget

11万円〜
<大人1名分の総予算>

1

▶現地予算は本書「プラン例」の目安料金
飛行機代、現地送迎、宿泊費（2人部屋利用時の1人分料金）、食事（朝3回、昼3回、夕2回）含む、燃油サーチャージ除く

行き方
How to get there

2

▶成田からモルディブの玄関口、マーレまでの直行便はない。スリランカのコロンボや、韓国のソウル、シンガポールなどで乗り継いでいくのが一般的だ。しかし便によっては同日にマーレに到着できないので、注意しよう。成田〜コロンボは約10時間、コロンボ〜マーレは約1時間30分。マーレから南マーレ環礁まではボートで約45分。

旅のシーズン
Best Season

3

▶常夏の楽園なので特に時期は選ばないが、シーズンは乾期（11〜4月）と雨期（5〜10月）に分かれている。ただ、最近のモルディブはあまり乾期、雨期がはっきりしていない。乾期でも雨が降ったり、雨期でも晴れたりすることも。比較的雨期の方が安く設定されるので、費用をなるべく抑えたい場合は雨期という選択肢もあり。

この旅のヒント
Hints for the trip

4

■モルディブの代名詞にもなっている人気の水上コテージだが、やはりどうしても旅の予算が上がってしまう。純粋にモルディブの海や空気を感じたいのであれば、今回紹介したようなリーズナブルな旅でも、存分満足できるはず。

プラン例

1日目	終日	成田発〜コロンボ乗り継ぎ〜マーレ着
	夜	着後、ボートにて移動 【南マーレ環礁泊】
2日目	終日	フリー 【南マーレ環礁泊】
3日目	終日	フリー 【南マーレ環礁泊】
4日目	午前	フリー
	午後	ボートにてマーレへ
	夜	マーレ発〜コロンボ乗り継ぎ〜成田へ 【機内泊】
5日目	午前	成田着

Check:1 マーレ チェックポイント

モルディブの首都であり中心地。玄関口となる空港は厳密にはマーレのあるマーレ島ではなく、隣のフルレ島にある。そこを拠点として他の島へ渡ることになる。ファンアイランドまでは、スピードボートで約45分。日本出発と同日にリゾートに着くことが可能だ。

Check:2 南マーレ環礁 チェックポイント

インドの南西、南北820kmに渡って細長く点在するモルディブの島々。26ある環礁(=円環状に広がる珊瑚礁)のひとつが南マーレ環礁だ。約30の島から成り、そのひとつにファンアイランドがある。周辺には抜群のダイビングスポットが多いことでも知られている。

Check:3 フリー チェックポイント

遠浅の海でシュノーケルやマリンアクティビティを楽しむのももちろんいいが、椰子の木陰で海を眺めつつ、本を読みながらうたた寝したり、ただただぼーっとしたり…なんていう贅沢な過ごし方もオススメだ。

Check:4 FUN island 宿泊

2009年に改装を終え、再オープンしたリゾート。島の周囲に広がる遠浅の海が魅力だ。食事は3食ビュッフェスタイルとなるので、好きなものを自身で選ぶことが可能。夜は白砂が敷き詰められたバーで乾杯しよう。▶ www.funislandmaldives.com

Check:5 コロンボ プラス1日あったら?

日本とモルディブの往復便が、スリランカ航空の場合、乗り継ぎ地はスリランカのコロンボになる。かつてセイロンと呼ばれていたスリランカは紅茶の本場としても知られている。紅茶やアジアン雑貨などお土産を買うにも街散策にもオススメだ。

旅の相談と手配先は? [エス・ティー・ワールド] ▶ stworld.jp

日本を拠点としながらも、世界中にネットワークを持つ旅行会社。モルディブには現地支店もあるので、とても心強い。旅の日数や宿も含め、色々とアレンジできるので、まずは気軽に相談してみよう。豊富な種類のパッケージ旅行も魅力だ。

Thailand
Phuket Island

タイ「プーケット島」

アンダマン海の真珠
アジアを代表する南国アイランド

TRIP:28 Thailand 185

186 TRIP:28 Thailand

アンダマン海の真珠
「プーケット島」

タイ南部はアンダマン海に浮かぶ同国最大の島、プーケット。エメラルドに輝く海と真っ白な砂浜が織り成す美しさから「アンダマン海の真珠」と呼ばれ、世界中にその名を知られている。その西海岸に点在するのは、美しいビーチの数々。最も賑やかな"パトンビーチ"では、マリンスポーツをはじめ、買い物やグルメ、夜遊びなどを楽しめ、"カタビーチ"では、透明度の高い海でのシュノーケリングができる。他にも海ガメの産卵が見られる"ナイヤンビーチ"や5つ星ホテルが並ぶ"バンタオビーチ"、夕陽が特に美しい"ナイハーンビーチ"…など、好みでビーチを選択することができる贅沢な環境だ。また、プーケット近郊の海には離島も多く、珊瑚礁に囲まれた"コーラル島"、海水がクリスタルブルーに染まる"ラチャ島"、浅瀬が広がり、子ども連れでも気軽に楽しめる"カイ島"…など、1時間以内で行ける島が幾つもあるのだ。
あらゆる海遊びができるプーケットだが、実は内陸にも魅力が満載。雑貨などアジアンテイスト満点のショッピングに、エキゾチックな食事、カヌーでの洞窟散策や、象の背に揺られるエレファントトレッキング、ラフティングなども出来てしまうのだ。
南国の魅力をいっぱい詰め込んだタイを代表する島、プーケット。リピーターになること間違いなしの極上アイランドへ。

Travel Information: 28

アンダマン海の真珠
プーケット島

Thailand ／タイ

MAP:

旅の予算
Budget

10万円〜
<大人1名分の総予算>

1

▶現地予算は本書「プラン例」の目安料金
飛行機代、現地送迎、宿泊費、食事(朝3回)、2・3日目の現地ツアー代含む、燃油サーチャージ除く

行き方
How to get there

2

▶成田からタイの首都バンコクまで直行便が運行している。そこからプーケットまで国内線で移動することになる。成田〜バンコクは約6時間30分、バンコク〜プーケットは約1時間30分。

旅のシーズン
Best Season

3

▶4、5月は非常に暑く、6〜10月は雨期となる為、11〜3月がベストシーズンと言われている。しかし雨期とは言っても6〜8月は比較的穏やかで、雨が降ったとしても一時的なスコールがほとんど。その時期だと宿泊費が安くなるので、費用を抑えたい人にはオススメの時期だ。

この旅のヒント
Hints for the trip

4

■島内の交通手段は公共バスのソンテウが便利。主要のビーチとプーケットタウンを結んでいる。小型タクシーのトゥクトゥクは、便利だが値段交渉が必要となる。普通のメータータクシーや、庶民の足バイクタクシーもあるので、人数と時間帯などで使い分けよう。

188 TRIP:28 Thailand

プラン例

1日目	終日	成田発〜バンコク乗り継ぎ〜プーケット着
2日目	終日	エレファントトレッキング 【プーケット泊】
3日目	終日	離島ツアー 【プーケット島泊】
4日目	午前	フリー
	午後	プーケット発〜バンコク乗り継ぎ〜成田へ 【機内泊】
5日目	午前	成田着

Check:1 離島ツアー　　チェックポイント
プーケット周辺には大小39もの島があり、プーケットとはまた異なる色彩を持つ豊穣の海が広がっている。映画「ザ・ビーチ」の舞台となった「ピピ島」や、珊瑚でできたコーラルアイランド「ヘー島」など、ツアーを利用すれば日帰りで簡単に行くことができる。

Check:2 エレファントトレッキング　　チェックポイント
象使いが多いプーケットでは、象の背に揺られながらジャングルの山道をゆく「エレファントトレッキング」を体験することができる。2m以上もの高さからは、いつもの視点とは異なる新しい景色を眺めることができる。タイならではの体験を楽しもう。

Check:3 本格郷土料理　　食事
1800年代に貿易で栄えたプーケットには、ヨーロッパ調と中華風の建物が混在するオールドタウンがある。町を散策するだけでも楽しいが、様々な地域の料理が入り交じる郷土料理屋にも訪れたい。アジアンテイスト120％の食事を堪能しよう。

Check:4 ピピ島　　プラス1日あったら？
プーケットの南東約45km先に浮かぶのが、珊瑚礁に囲まれたピピ島。エメラルドグリーンの海に白砂のビーチを岩山が囲む湾「マヤベイ」が、映画「ザ・ビーチ」の舞台になったことで注目を集めた。シュノーケルで潜ればトロピカルフィッシュにも簡単に出逢える、綺麗な海が自慢。

Check:5 バンコク　　プラス1日あったら？
アジアを代表する大都市。寺院や王宮、宮殿などの観光はもちろん、タイ料理をはじめとする世界各国の料理やショッピングにエステと楽しみは尽きない。アジア1とも言われる活気と喧噪が溢れる街を楽しもう。

旅の相談と手配先は？ Arranging the trip

[エス・ティー・ワールド] ▶ stworld.jp

日本を拠点としながらも、世界中にネットワークを持つ旅行会社。タイには現地支店もあるので、とても心強い。旅の日数や宿も含め、色々とアレンジできるので、まずは気軽に相談してみよう。豊富な種類のパッケージ旅行も魅力だ。

U.S.A
Guam Island

アメリカ「グアム島」

遊びのテーマパーク
日本から一番近いアメリカ

29

TRIP:29 U.S.A 191

192 TRIP-29 U.S.A

日本から一番近いアメリカ
「グアム島」

フィリピンの東に位置するマリアナ諸島の南端に浮かぶグアム島。成田や関空だけではなく、名古屋や札幌、福岡などからも直行便で訪れることが可能だ。僅か3時間30分〜4時間30分で行けるが、空港を一歩出れば、そこはアメリカ合衆国。「アメリカの1日が始まる島」とも言われている。日本では知らない人がいないと言うほど市民権を得ているグアム。年間観光客約100万人のうち、80％以上が日本人と言われているほどだ。リーズナブルなツアーが多く、日本語も通じやすいということもあるが、最大の魅力は南国ならではのマリンアクティビティ。ダイビングやシュノーケリングをはじめ、海面を疾走するバナナボート、パラシュートを船で引っぱり空中遊覧を楽しめるパラセイリング、空気の入ったヘルメットをつけて海中を歩くシーウォーク、野生のイルカと遭遇できるイルカウォッチングなど、など、1度の旅行では体験し尽くせない程揃っている。ランドアクティビティでは、ジャングルでのハイキングや古代人の壁画を見に行くツアーなどもある。加えて街中にはアトラクション満載のプールがあったり、多くの土産屋が軒を連ねていたりと、楽しみには事欠かない。気軽に行けて、楽しみ満載。結婚式を挙げるカップルや、子連れの家族旅行にも大人気の南の島。老若男女を問わず誰でも楽しめる、日本から一番近いアメリカへ。

Travel Information: 29

日本から一番近いアメリカ
グアム島

U.S.A／アメリカ

MAP:

旅の予算
Budget

7万円〜
<大人1名分の総予算>

1

▶現地予算は本書「プラン例」の目安料金
飛行機代、現地送迎、宿泊費（2人部屋利用時の1人分料金）、食事（昼1回）、2日目のツアー代、燃油サーチャージ含む

行き方
How to get there

2

▶グアムまでは日本の9都市（札幌、仙台、新潟、成田、名古屋、大阪、岡山、広島、福岡）から直行便が運行している。本数も多いので、気軽に旅立つことができる。所要時間は約3時間30分〜4時間30分。

旅のシーズン
Best Season

3

▶平均気温が25〜26℃とほとんど変化がない常夏の島。その為、1年を通して海遊びをすることができる。但し5〜6月は最も日差しが強く、8月後半〜12月前半は台風シーズンとなるので、注意しよう。

この旅のヒント
Hints for the trip

4

■自由に島内を移動したい人はレンタカーがオススメ。グアムとサイパンは、日本の運転免許証を持っている21歳以上ならば国際免許が不要。30日以内でレンタカーを借りられる。
■ペットがいる方に朗報。グアムにはペットのための出入国プログラムもある。気になる方はpetcarry-guam.comで確認を。
■プラン例で紹介している3日目のビキニアイランドは右ページの「この旅の相談、手配先」記載の旅行会社では取り扱いがなく、別手配となる。インターネットで「グアム　ビキニアイランド」と検索すると現地ツアーがヒットするので、自身で予約をしよう。

プラン例

1日目　終日　成田発〜グアム着　【グアム泊】
2日目　終日　ココス島　【グアム泊】
3日目　終日　ビキニアイランド　【グアム泊】
4日目　終日　フリー　【グアム泊】
5日目　終日　グアム発〜成田着

Check:1 ココス島　　　チェックポイント

グアム島南部のメリッソ村からシャトルボートで約10分。グアム屈指の美しい海に囲まれている。様々なアクティビティが体験でき、レストラン、温水シャワー、トイレなどの施設も完備。送迎、往復の船代、入島料などが組み込まれたオプショナルツアーが便利だ。

Check:2 ビキニアイランド　　　チェックポイント

グアム島とココス島の間にある無人島で、潮が引いた時にだけ現れる小さな砂の島。ツアーに申し込めばジェットスキーやバナナボートで、美しい星の砂のビーチに上陸することができる。潮が引ききらない時に島に降りれば、まるで海の上に立っているかのよう。

Check:3 チャモロ料理　　　食事

様々な国の影響を受けた先住民チャモロ族の伝統料理では、甘さ、辛さ、酸っぱさが特徴で、ビタミンAの豊富なアチョーテの実で炊いたレッドライスや肉や海鮮を、ココナッツと柑橘の汁でマリネしたケラグエンなどがオススメ。レストランや屋台などで食べることができる。

Check:4 ショッピングセンター　　　ショッピング

免税店「DFSギャラリア・グアム」や、リゾートホテルに隣接する「ザ・プラザ」、世界の有名ブランドが集結した「タモン・サンズ・プラザ」などが有名だ。そこに陳列されるブランド商品を目当てにグアムを訪れる人もいるほど。気ままにウインドウショッピングを楽しもう。

Check:5 スカイダイビング　　　プラス1日あったら？

「難しそうだし、料金も高そう…」と思っている人も多いかもしれないが、インストラクターと共に飛ぶということと日本語のレクチャーもあるので、初心者でも安心だ。値段は3万円程度。高度2,400mから見下ろすグアム島の絶景は、一生の想い出になるだろう。

旅の相談と手配先は？ Arranging the trip

[H.I.S.] ▶ www.his-j.com

広範囲に渡って世界中に支店を持つ旅行会社。その手配範囲の広さとリーズナブルな金額設定が魅力的だ。日本全国にあるH.I.S.の営業所にて旅の相談や手配が可能なので、まずは気軽に問い合わせしてみよう。またグアムにも支店があるので、とても心強い。

China
Hainan Island

中国 「海南島」

中国が世界に誇る人類の宝
常夏のチャイニーズトロピカル

30

TRIP:30 China 197

198 TRIP:30 China

人類の宝
「海南島」
はいなんとう

中国最南端、沖縄本島よりも遥か南方のハワイと同緯度に位置する海南島。一年中温暖な気候に広がる熱帯雨林、海岸線の約半分にも及ぶ白砂のビーチ、南国の色彩をたたえるエメラルドグリーンの海など、大陸部とは異なる表情を持つ島だ。10km以上続く半円状の亜龍湾ビーチに面する海は、透明度が20mにも及び、熱帯雨林から湧き出して川へと流れゆく水は澄み切っている。その素晴らしい自然環境は、世界四大類人猿である手長猿や世界的稀少動物の海南坡鹿の保護区にもなっている。野生動物にとっても、まさに楽園だ。「中国のハワイ」とも呼ばれる海南島の魅力は、豊かな自然環境に加え本場の中国料理も楽しめるところだろう。レストランをはじめ、屋台などでも絶品の中国料理に舌鼓を打つことができる。他にも天然温泉が湧き出ていることから、露天風呂やスパも楽しめる。

また、先住民族である黎族や苗族のテーマパーク"ビンランの谷"では、美しい織物や家屋、伝統舞踊などを見られ、他文化に触れる貴重な体験をすることができる。自然、食、文化が詰まった中国が誇る南国パラダイス、海南島をゆく旅へ。

TRIP:30 China 199

Travel Information: 30

人類の宝
海南島
はいなんとう

China／中国

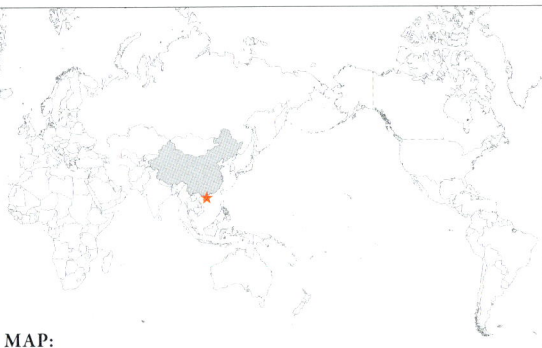

MAP:

1 旅の予算
Budget

10万円～
＜大人1名分の総予算＞

▶現地予算は本書「プラン例」の目安料金
飛行機代、現地送迎、宿泊費、食事(朝4回)含む、現地ツアー代、燃油サーチャージ除く

2 行き方
How to get there

▶日本から海南島の玄関口、三亜（さんあ）までの直行便はない為、広州や上海、香港などの1都市を乗り継ぐ必要がある。成田～香港は約4時間45分、香港～海南島は約1時間30分。

3 旅のシーズン
Best Season

▶ハワイと同緯度に位置する為、一年中温暖な気候だ。しかしマリンスポーツをメインとするならば平均気温が25℃を超える4～10月に訪れたい。その間は、雨期に該当するが1日中雨が降ることはほとんどない。

4 この旅のヒント
Hints for the trip

■年末年始や旧暦のお正月（1月下旬～2月中旬）、メーデー（5月1日前後）、国慶節（10月1日前後）は中国の長期休暇にあたる為、それら周辺日は混雑するので避けた方が無難。

■観光業に携わる人以外へは基本的に日本語や英語はほとんど通じない。が、漢字を書けば結構通じることも。漢字コミュニケーションを楽しんでみよう。

プラン例

1日目	終日	成田発～香港乗り継ぎ～三亜着
2日目	終日	亜龍湾ビーチ 【海南島泊】
3日目	終日	ビンランの谷 【海南島泊】
4日目	午前	天涯海角
	午後	フリー 【海南島泊】
5日目	終日	三亜発～香港乗り継ぎ～成田着

Check:1 亜龍湾ビーチ　　チェックポイント

海南島観光の中心となる三亜市から東へ約28kmに位置する、島内で最も美しいと名高いビーチ。珊瑚礁や熱帯魚も多く、ダイビングやシュノーケルなどのマリンスポーツが楽しめる。波も静かで、風も優しい。観光保護区なので、のんびり寛ぐのに最適なビーチだ。

Check:2 天涯海角（てんがいかいかく）　　チェックポイント

海南島の人気景勝地で、孫悟空が生まれたと言われる岩や奇石が点在する海浜公園。昔は政治犯や思想犯の流刑地だった為、天涯＝天のへり、海角＝海の果てという名前が付いている。恋人が「永遠に一緒に」と誓い海に飛び込んだという伝説があり、デートスポットにもなっている。

Check:3 四大名物料理　　食事

食材、味付け共に多彩な中国料理。文昌地区のブランド鶏の旨味をシンプルに味わう文昌鶏（ぶんしょう）、肉が柔らかく味噌が濃厚な和楽蟹（わらくがに）、癖がなく美肌に効果のある東山羊、俗に『番鴨』と呼ばれ、丸焼きが美味しい加積のアヒルが四大名物で、どれも涎垂ものだ。

Check:4 黎綿（りめん）　　ショッピング

ユネスコ無形文化遺産にも指定されている織物。長い歴史を持つ黎族は、古くから染物や織物など高い技術を持ち、天然染料の鮮やかな糸が特徴で、時々銀箔や羽根、貝殻なども装飾に使われた。ビンランの谷で織物の実演を見ることも購入することもできる。

Check:5 蜈支洲島（うじしゅうとう）　　プラス1日あったら？

本島から船で約20分にある小さな島。透明度が高く、離島の中でも一番ビーチが美しいと言われている。様々なマリンスポーツを体験でき、ビーチには更衣室や売店もある。リゾートホテルやバンガローでの宿泊も可能だ。

[日中平和観光] ▶ **www.nicchu.co.jp**

50年の歴史を持ち、日中の友好に貢献してきた中国専門の旅行会社。経験豊富で、文化や歴史、経済など中国の最新情報にも詳しく、安心で安全な旅を提供している。

Australia
Fraser Island

沖合に創造された奇跡
世界一大きな砂の島

31
TRIP:31 Australia

204 TRIP 31 Australia

世界一大きな砂の島
「フレーザー島」

シドニー、メルボルンに次ぐオーストラリア第3の都市ブリスベンは、同国の東に位置する。その北約300kmにある町ハービーベイの沖合に、世界一大きな砂の島「フレーザー島」はある。希有な自然環境から世界遺産にも登録されているこの島は、確かに砂でできているのだが、砂漠のような殺伐とした雰囲気はなく、豊かな植生が島に彩りを与えている。今の姿からは想像し難いが、この島は約14万年前に発生した豪雨によって大陸の一部が削り取られ、それが海流や風によって沖合に運ばれ堆積して、島を形作ったと言われている。そのサイズは、南北に123km、幅は最大で23km。驚愕の大きさだ。この島には「道」がない。道なき道を進むために、移動手段はすべて4WD(四輪駆動車)だ。島内部よりもビーチが連なる沿岸部の方がスムーズに走れることでも知られ、特に島東部の"75マイルビーチ"を疾走する爽快感は、絶対に味わってほしい。また、南部には世界で最も透明度の高い湖のひとつと言われる"マッケンジー湖"や、東海岸に流れ出す島最大にして最高に美しい小川"イーライ・クリーク"、フレーザー島を一望できる高台"インディアンヘッド"なども見逃せない。オーストラリア先住民アボリジニの神様が、「地球上で一番美しい場所を作りなさい」と命じ創造されたとも言われ、元々、アボリジニの言葉で天国を意味する「クガリ」と呼ばれていたこの島には、文字通り、パラダイスが広がっている。

Travel Information: 31

世界一大きな砂の島
フレーザー島

Australia／オーストラリア

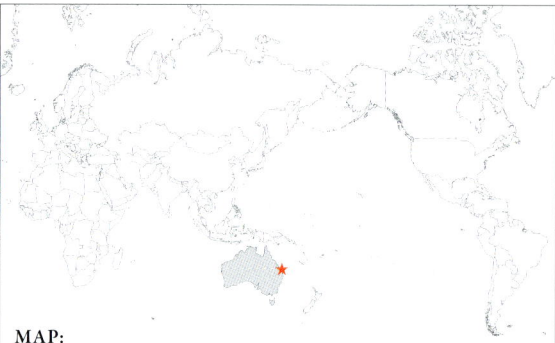

MAP:

旅の予算
Budget

18万円〜
<大人1名分の総予算>

1

▶ 現地予算は本書
「プラン例」の目安料金
飛行機代、現地送迎、宿泊費（2人部屋利用時の1人分料金）、食事（朝2回）、3日目のツアー代含む、燃油サーチャージ除く

行き方
How to get there

2

▶ 成田からオーストラリアのシドニーまで直行便が運行している。そこからフレーザー島最寄りのハービーベイまでは、国内線で移動することになる。成田〜シドニーは約9時間30分、シドニー〜ハービーベイは約1時間45分、ハービーベイからフレーザー島まではフェリーで約1時間。

旅のシーズン
Best Season

3

▶ 南半球にあるオーストラリアは日本と季節が真逆になる。その為、春は9〜11月、夏は12〜2月、秋は3〜5月、冬は6〜8月となる。フレーザー島へは1年を通して訪れることが可能だが、泳ぐことを考えると冬を外した方がベター。しかし、ホエールウォッチングを目的にする場合は8〜10月がベストシーズンとなる。

この旅のヒント
Hints for the trip

4

■ 湖の透明度は天候によって変わることがある。マッケンジー湖の透明度が低い状態の場合は、同様の湖ビラビーン湖に訪れよう。

プラン例

1日目	夜	成田発〜シドニー乗り継ぎ〜ハービーベイへ 【機内泊】
2日目	午前	ハービーベイ着
	午後	ボートにてリゾート着、フリー 【フレーザー島泊】
3日目	終日	フレーザー島ツアー 【フレーザー島泊】
4日目	午前	ボートにてハービーベイへ、ハービーベイ発〜シドニー着
	午後	シドニーにてフリー 【シドニー泊】
5日目	終日	シドニー発〜成田着

Check:1 フレーザー島ツアー　　チェックポイント

75マイルビーチやマッケンジー湖、イーライ・クリーク、インディアンヘッド、そして難破船マヒノ号を巡ろう。マヒノ号とは、メルボルンから日本への曳航中にサイクロンによって座礁してしまったもの。波打ち際で朽ちていく姿にはどこか哀愁も感じられる、フレーザーでも人気のスポット。

Check:2 ディンゴ　　チェックポイント

フレーザー島内に250匹前後棲息していると言われるディンゴ、狼犬だ。数千年前にインドから渡ってきたと推測され、フレーザー島のディンゴが最も純血と言われている。島に滞在しているとしばしば目にする。自然界を守る為にも触ったり餌をあげたりせず遠目から見よう。

Check:3 シドニー　　チェックポイント

オーストラリア最大の人口を誇る都市、シドニー。この南半球を代表する街のシンボル"オペラハウス"は世界遺産にも登録されているあまりにも有名なスポットだ。また世界一美しいショッピングセンターと言われる"QVB"にも訪れたい。

Check:4 Kingfisher Bay Resort　　宿泊

自然との共存をテーマに築かれたフレーザー島を代表するリゾート。環境に負荷をかけないよう最小限の開発で作られている。滞在費は少々高くなってしまうが、快適な滞在を約束してくれる。気持ちのよいエコリゾートで、最高のフレーザー島体験を。▶ www.kingfisherbay.com

Check:5 ブルーマウンテン　　プラス1日あったら?

シドニーの西約100kmに位置する世界遺産。生い茂るユーカリから発生する油分を含んだ霧が太陽に当たり"青"に輝く様からその名がついた。断崖絶壁とユーカリをはじめとする豊かな自然が織り成す大渓谷を旅しよう。

[ism] ▶ shogai-kando.com

旅の相談と手配先は？ Arranging the trip

北米、南米、オーストラリアなど多くの地域をカバーしている旅行会社ism。パッケージ旅行はもちろん、オーダーメイドにも対応している。一生に一度の感動の旅をプロデュースしてくれる頼れる存在。まずは気軽に問い合わせてみよう。

Indonesia
Bali Island

インドネシア「バリ島」

海、山、文化、芸術、癒し…
すべてを網羅する懐深き神の島

TRIP:32 Indonesia

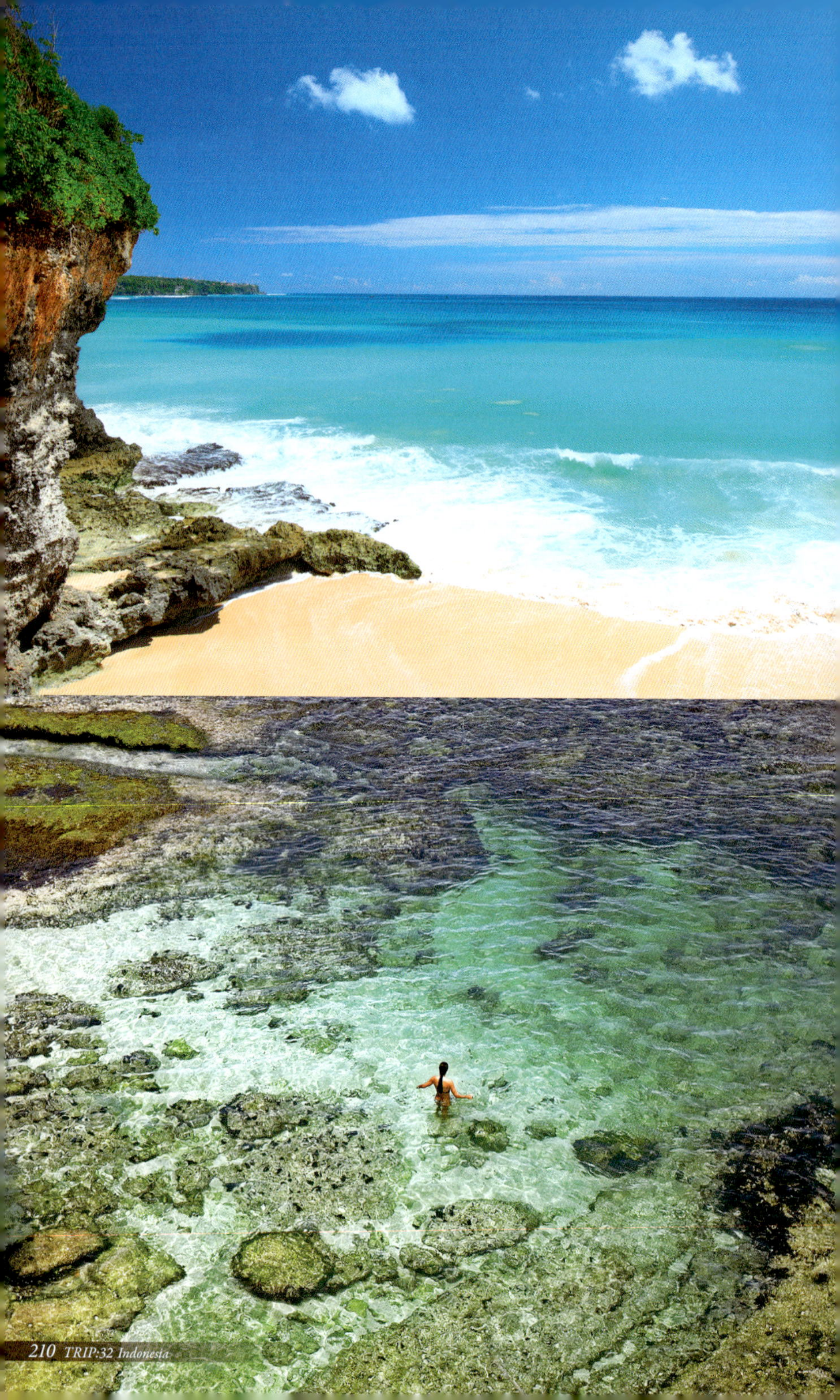

神々の島
「バリ島」

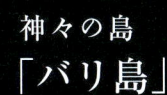

東南アジアに位置する世界一の群島国家インドネシアは、1万数千もの島々が東西に鎖状に連なっている。その中央部に位置し、一際輝きを放っているのがバリ島だ。数千ものヒンドゥー寺院があることから"神々の島"とも称されている。バリ島は、美しい海をはじめとする豊かな自然はもちろん、神秘的な文化、芸術、ショッピング、マッサージなど、幅広い楽しみが溢れている。世界文化遺産に登録された寺院や、バリ1の景勝地"キンタマーニ高原"、芸術的絶景が広がる棚田"ジャルトゥイ"などを巡り、透明度抜群の海を誇る隣島"レンボガン島"で泳ぎ、極上のバリマッサージで癒され、そしてバリの芸術が詰まった工房を覗き、買い物を楽しむ。信仰深いバリに暮らす人々との温かなふれあいもこの島の魅力だ。
どれかひとつに特化せず、まるごと堪能することが出来る島、バリ。穏やかな空気に包まれながら、神秘のパワーを感じる旅へ、是非。

Travel Information: 32

神々の島
バリ島
Indonesia／インドネシア

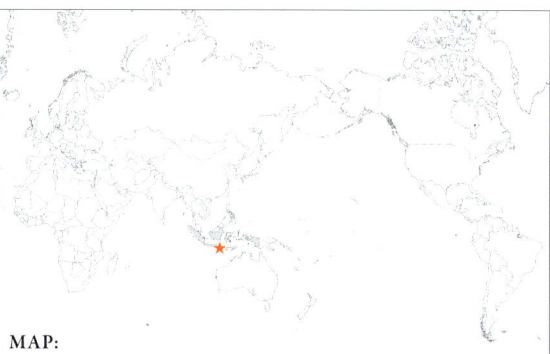

MAP:

旅の予算
Budget

15万円〜
＜大人1名分の総予算＞

▶現地予算は本書「プラン例」の目安料金
飛行機代、現地送迎、宿泊費（2人部屋利用時の1人分料金）、食事（昼2回）、2、3日目のツアー代（3日目はセーリング+マリンアクティビティ）含む、燃油サーチャージ除く

行き方
How to get there

▶成田からバリの玄関口デンパサールまで直行便が運行している。成田〜デンパサールは約7時間50分。インドネシアのジャカルタや他のアジアの都市で乗り継ぎ便を選択すれば安くなることも。

旅のシーズン
Best Season

▶4〜9月が乾期、10〜3月が雨期。雨期でも1日中降り続くわけではなく、一時的なスコールがほとんど。雨期の晴れ間の輝きも魅力的だが、やはり乾期に訪れたい。

この旅のヒント
Hints for the trip

■本書ではバリ島の過ごし方の一例を紹介したが、組み合わせは無限にある。滞在を自分の希望通りにする為には、海系、自然系、お買い物、スパ等、自分の希望を明確にして旅行会社に相談しよう。もちろんオススメを聞きながら行程を作ることも可能だ。バリは物価が安いのでオーダーメイドの旅でもそれほど高くならないので安心。

プラン例

1日目	終日	成田発〜デンパサール着【バリ島泊】
2日目	終日	バリ島ツアー【バリ島泊】
3日目	終日	レンボガン島【バリ島泊】
4日目	終日	フリー
	夜	デンパサール発〜成田へ【機内泊】
5日目	朝	成田着

Check:1 デンパサール　　チェックポイント

バリ州の州都であり、政治・経済の中心地。毎日多くの人が集う賑やかな街だ。市場からは、台所を支えるお母さんたちの威勢の良い声が響く。農村部とはまた異なった表情を持つエネルギッシュなバリにふれてみよう。

Check:2 バリ島ツアー　　チェックポイント

芸術が詰まった村ウブド、バリ1の景勝地キンタマーニ高原、世界文化遺産のウルンダヌ・パトゥール寺院、綺麗な公園を意味するタマンアユン寺院、雄大な棚田ジャルトゥイ、そして海に浮かぶタナロット寺院での夕陽と、バリの見所を1日で巡ろう。

Check:3 レンボガン島　　チェックポイント

バリ島の東の沖20kmに浮かぶレンボガン島へセーリングしながら移動しよう。豊かな自然はもちろんだが、なんといっても透明度の高い海が魅力。珊瑚礁に囲まれた透き通る海でシュノーケリングをして、1日を過ごそう。

Check:4 4日目のフリー　　チェックポイント

日本では高額になってしまうが、バリではリーズナブルに5時間コースのスパを受けることができる。体を癒したい人はスパに、まだまだアクティブに過ごしたい人はヌサドゥアでバナナボートやジェットスキーなどのマリンアクティビティを楽しもう。

Check:5 バリ雑貨　　ショッピング

センス溢れるバリ雑貨を眺めていると、ついつい財布の紐が緩んでしまう。木彫りの工芸品、シルバーのアクセサリー、ビーズ雑貨などからはじまり、アタと呼ばれる植物を編んで創るカゴやバッグ、布製品など魅力的な品々が揃う。どれも手頃な値段で購入が可能だ。

[バリ島・日本人観光センター Bali Becik] ▶ www.balibb.com

バリ在住の日本人が現地に拠点を構える「バリ島・日本人旅行情報センター」。島に関する様々な情報に精通している為、バリを訪れる際にはかなり頼りになる。旅のプランはもちろん、質問も気軽にメールしてみよう。もちろん日本語でOKだ。

Philippines
Cebu Island

フィリピン「セブ島」

極彩色の穏やかな海
世界最大の魚と戯れる

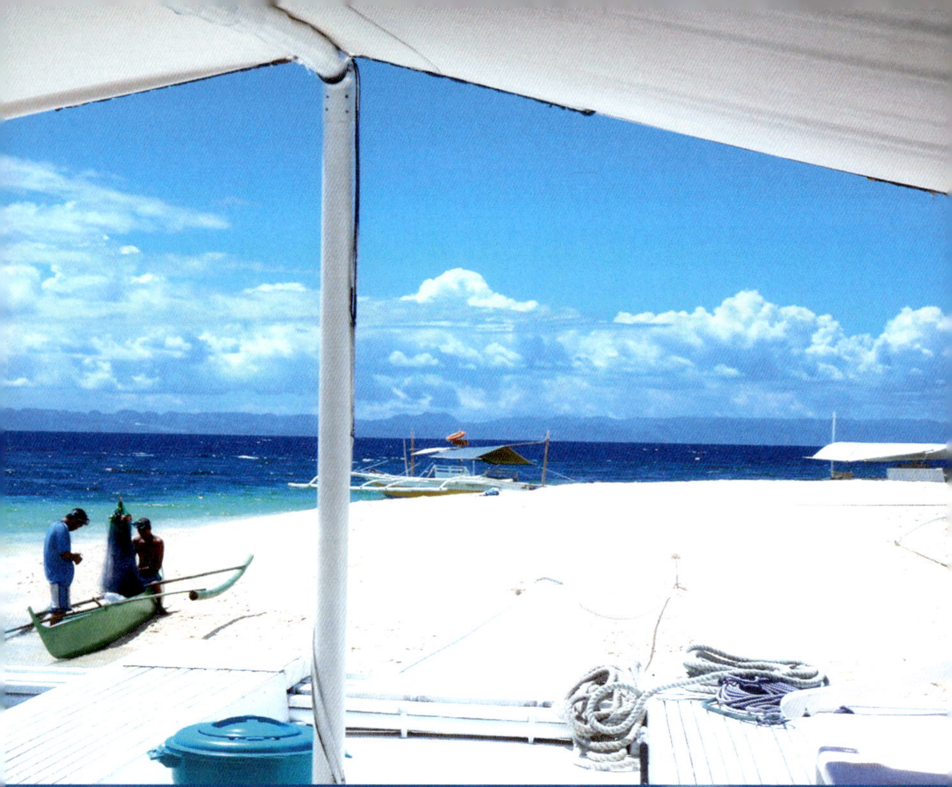

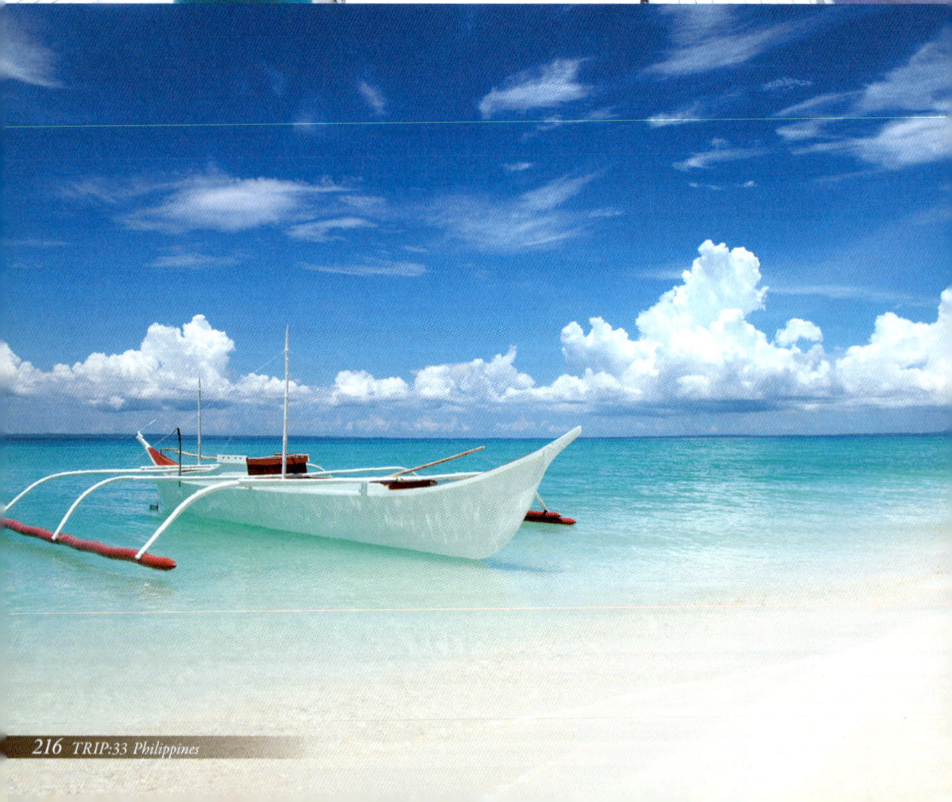

穏やかな極彩色の海
「セブ島」

大小7,000以上もの島々からなるフィリピンのほぼ中央部に位置するセブ島。南北に約225kmと細長い島で、コバルトブルーに輝く遠浅のビーチと、熱帯魚が泳ぐ豊かな海に囲まれている。またセブ島は多くの島々に囲まれ、外海と遮断されていることから、海が非常に穏やかであることでも知られている。セブ島の玄関口となる空港やメインのリゾートが建ち並んでいるのは、実は隣にあるマクタン島。橋で繋がっていてセブ島との往来が容易にできる為、一括りに「セブ島」と呼ばれることも多い。セブ島、マクタン島のどちらに滞在しても歴史的建造物や記念碑などの観光が可能だが、マリンアクティビティなどを楽しみたいなら、マクタン島滞在の方が便利がいい。多島国フィリピンならではのアイランドピクニックで美しい小島を巡るものや、全長10mにもなる世界最大の魚類ジンベイザメと一緒に泳げるツアーには是非参加したい。「サメ」という言葉からイメージする凶暴さとは無縁の巨大サメと遊ぶ貴重な体験ができる。日本から近く、そして物価が安いフィリピンは、訪れる際のハードルがかなり低い国のひとつ。気負うことなく気軽に訪れよう。

TRIP:33 Philippines 217

Travel Information: 33

穏やかな極彩色の海
セブ島

Philippines／フィリピン

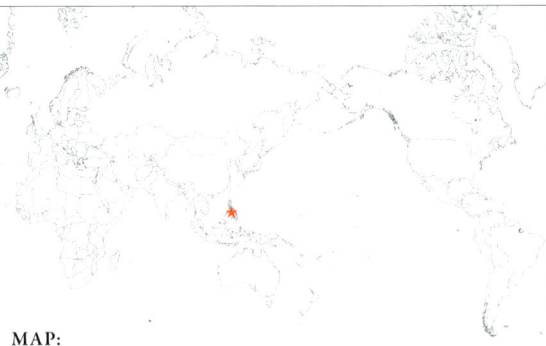

MAP:

旅の予算
Budget

8万円〜
<大人1名分の総予算>

1

▶現地予算は本書「プラン例」の目安料金
飛行機代、現地送迎、宿泊費（2人部屋利用時の1人分料金）、食事（朝3回、昼2回）、2・3日目のツアー代含む、燃油サーチャージ除く

行き方
How to get there

2

▶成田からセブ島まで直行便が運行している。成田〜セブ島は約5時間。「セブ島」と表記しているが、厳密にはマクタン島に空港がある。

旅のシーズン
Best Season

3

▶一年を通じて温暖な気候だ。乾期にあたる2〜4月がベストシーズンだが、雨期にあたる6〜12月の間も雨が1日中降り続くことはまれで、一時的にスコールが降る程度となっている。

この旅のヒント
Hints for the trip

4

■本書で紹介した現地ツアーはマクタン島宿泊者が対象となる。他地域での宿泊ももちろんOKだが、アクティビティのほとんどはマクタン島発着となるので、宿泊はマクタン島がオススメだ。

プラン例

1日目　終日　成田発〜セブ着　【セブ島泊】
2日目　終日　アイランドピクニック　【セブ島泊】
3日目　終日　ジンベイザメウォッチング　【セブ島泊】
4日目　終日　フリー　【セブ島泊】
5日目　終日　セブ島発〜成田着

Check:1 アイランドピクニック　　チェックポイント

バンカーボートに乗船し、コーラルリーフに囲まれた近隣の小島へ行くツアー。透明度の高い海でシュノーケリングを楽しんだり、ボリュームあるBBQランチや南国フルーツを堪能できる。セブ島で1番人気のオススメツアー。

Check:2 ジンベイザメウォッチング　　チェックポイント

セブ島南部のオスロブという町から、ボートで世界最大の魚ジンベイザメを見に行くツアー。船上から観察したり一緒に泳いだりすることもできる。身体は大きいが主にプランクトンを食べているので、襲われることはなく安心。高確率で遭遇できる。

Check:3 フィリピン料理 & BBQ　　食事

日本料理をはじめ世界各国の料理が食べられるが、ぜひ現地の料理も堪能しよう。肉の入った「シニガンスープ」や具をピーナッツソースで煮込んだ「カレカレ」など甘みと酸味が入っているものが代表的。特に甘い味付けの炭火焼BBQはポピュラー料理。

Check:4 ドライマンゴー　　ショッピング

セブ島を代表するお土産。様々なドライマンゴーが存在するが、中でも「7D」というブランドが美味しいと評判。セブ島からミンダナオ島周辺で収穫されるガラバオマンゴーから出来ていて、酸味としつこくない甘みが特徴。栄養価が高く食物繊維も多いので腸にも良いとされている。

Check:5 ボホール島　　プラス1日あったら?

セブ島の東に位置し、埠頭からボホール島への1日ツアーのフェリーが出ている。素晴らしいビーチとダイビングスポットがあり、高さ30mほどの円錐形の山が幾重にも並ぶ「チョコレートヒルズ」という絶景や、世界最小級の霊長類メガネザルのターシャにも会える。

旅の相談と手配先は?

[エス・ティー・ワールド] ▶ stworld.jp

日本を拠点としながらも、世界中にネットワークを持つ旅行会社。セブには現地支店もあるので、とても心強い。旅の日数や宿も含め、色々とアレンジできるので、まずは気軽に相談してみよう。豊富な種類のパッケージ旅行も魅力だ。

TRIP:33 Philippines

Spain
Ibiza Island

スペイン「イビサ島」

地中海に浮かぶ太陽と音楽の楽園
世界一のパーティーアイランド

34

TRIP:34 Spain

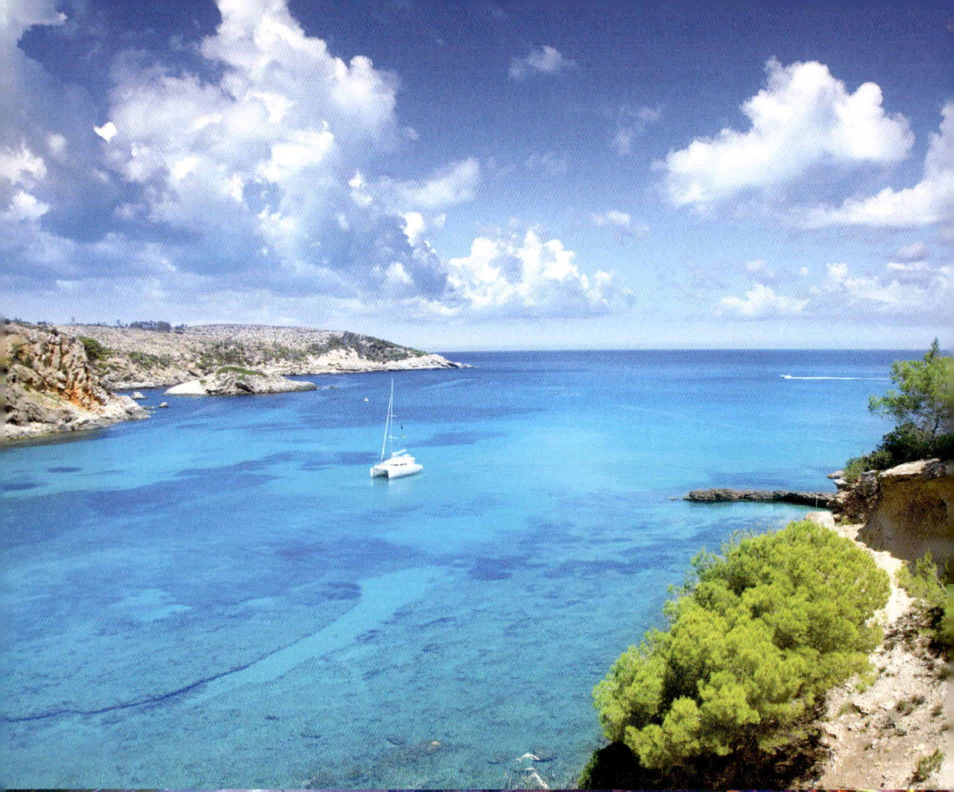

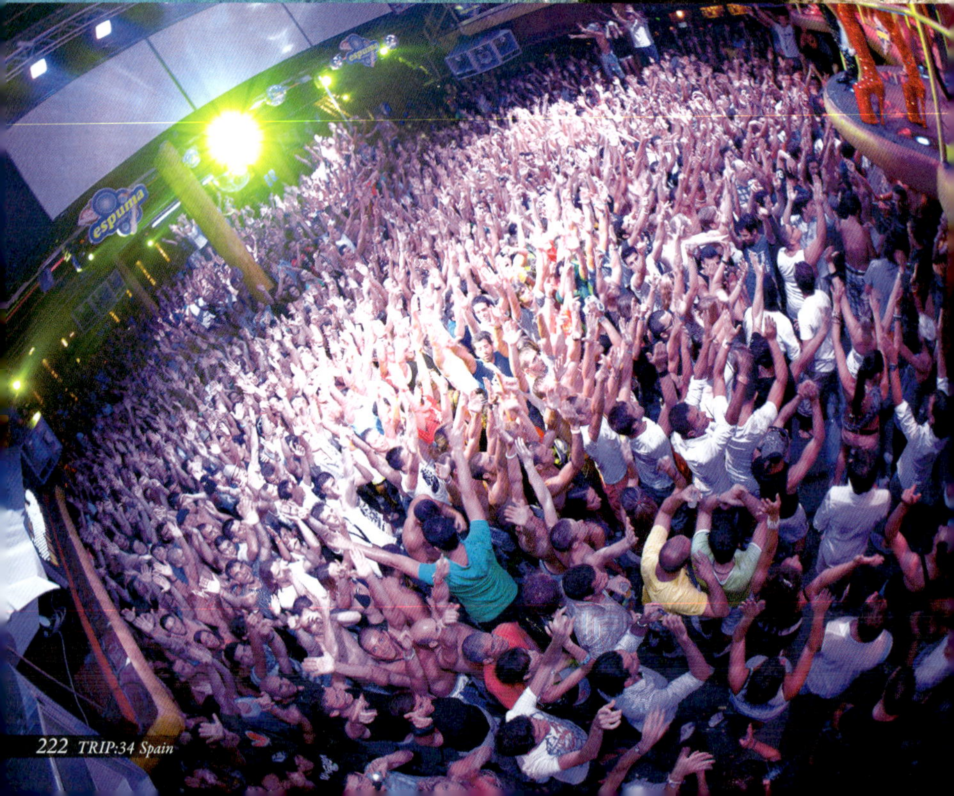
espuma

太陽と音楽の島
「イビサ島」

スペイン東部、地中海に面した都市バレンシアの沖合にあるイビサ島。地中海航路の拠点として古い歴史を持ち、その古代・中世・近世が融合した美しい町並みは、世界遺産に登録されているほど美しい。この島に世界中から人が集まる理由は、それだけではない。驚くほど青く透明な海とパラソルが花開くビーチに加え、数多くのクラブが島中に軒を連ねているのだ。そのことから、ダンスミュージックの聖地、世界有数のクラバーの島として、世界にその名を知られている。ハイシーズンには、曜日に関係なく、毎晩世界有数のDJがプレイするパーティーが開かれる。ギネスブックに登録された世界最大のクラブや、大量の泡が降ってくるクラブ、イビサの音楽シーンを40年以上牽引する老舗クラブなど、その「箱」も多種多様。音楽のジャンルもハウスやテクノ、トランス、ロックなど様々。つまりこの島は、綺麗な海でバカンスを満喫するだけではなく、音楽好きにはこれ以上ない環境が揃っているのだ。大音量で轟く音楽とともに、ビーチリゾートも楽しめる世界一のパーティーアイランドへ。

TRIP:34 Spain

Travel Information: 34

太陽と音楽の島
イビサ島

Spain ／スペイン

MAP:

旅の予算
Budget

40万円〜
<大人1名分の総予算>

1

▶現地予算は本書「プラン例」の目安料金
飛行機代、現地送迎、宿泊費（2人部屋利用時の1人分料金）、食事(朝3回)、燃油サーチャージ含む

行き方
How to get there

2

▶日本からイビサ島への直行便はない。ドイツやオランダ、イタリア、フランス、イギリスなどヨーロッパ1都市での乗り継ぎが必要になる。スペイン本土に訪れたい場合は、ヨーロッパ1都市乗り継ぎでマドリッドやスペインに入り、そこから国内線でイビサ島へ行くことが可能だ。成田〜フランクフルトは約12時間、フランクフルト〜イビサ島は約2時間30分。

旅のシーズン
Best Season

3

▶年間を通して温暖な地中海性気候。5月からオープニングパーティーが始まり、6〜9月がハイシーズンとなる。その間は世界中から観光客が集まるが、特に気温が30℃を超える7〜8月は最盛期。逆に言えば、6月と9月は若干観光客数が少なくなるので、狙い目の季節とも言える。ただし夜は若干肌寒くなる。

この旅のヒント
Hints for the trip

4

■島内ではクラブが運行するバスなどがあるので、利用すると便利だ。しかし自由に動きたいという人にはレンタカーがオススメ。ただし、イビサ島も飲酒運転は禁止されているので、注意しよう。

プラン例

- 1日目　終日　成田発〜ヨーロッパ1都市乗り継ぎ〜イビサ島着　【イビサ島泊】
- 2日目　終日　フリー
  - 夜　　クラブ　【イビサ島泊】
- 3日目　終日　フリー
  - 夜　　クラブ　【イビサ島泊】
- 4日目　終日　イビサ島発〜ヨーロッパ1都市乗り継ぎ〜成田へ　【機内泊】
- 5日目　午後　成田着

Check:1 クラブ　チェックポイント

老舗の「パチャ」、泡パーティーの「アムネシア」、極上の音が響く「スペイス」、世界一大きい「プリビレッジ」あたりが有名。若い人はもちろん、おじいちゃんやおばあちゃんも楽しく踊っているので、クラブ未経験でも気負うことなく楽しめる。

Check:2 ビーチ　チェックポイント

イビサ島には複雑な海岸線があり、ビーチも無数にある。海を隔てて岩の島が見える幻想的な「カラ・ドート」、広くて有名な「プラヤデンボッサ」、近くに塩田が広がる「セス・サリナス」などがオススメビーチ。世界一と言われる夕陽を、波打ち際で是非。

Check:3 スペイン料理　食事

地中海の海鮮物やオリーブオイル、ニンニクをふんだんに使うのが特徴だ。イビサ島では他にも米と野菜、魚介類などを炊き込んだパエリアも食べられる。絶品の赤ワインと一緒に堪能しよう。

Check:4 イビサの塩　ショッピング

地中海で一番海水が綺麗だと言われているイビサ島。その自然保護地域の塩田で作られた天然の天日塩は美味しいと評判。80種類以上のミネラルに富み、添加物を使用していないことも自慢だ。塩の花と呼ばれる結晶からできた少量しか取れない貴重な塩を是非。

Check:5 フォルメンテーラ島　プラス1日あったら?

イビサタウンの港からフェリーで約1時間。船がまるで空中に浮いているかのように見えるクリアブルーの海と、美しいビーチでゆっくりできる島。夜遊びで疲れたらちょっと休みに行くのもオススメだ。DJが同乗する船で、踊って遊びながら行けるボートパーティーもある。

[ヨーロッパトラベル] ▶ **www.europe-tr.com**

"幸せと感動を呼ぶ旅"を作る為、オーダーメイドの旅にこだわり続ける旅行会社。そのおもてなしは超がつくほど手のこんだもので、旅行者のこだわりをとことん形にしてくれる強い味方。また、旅行中の緊急連絡先もある為、安心して旅を送ることができる。

Mexico
Cancún

メキシコ「カンクン」

陽気なマリアッチが奏でるラテンのリズム
極上リゾートが密集するカリブの楽園

35

TRIP:35 Mexico 227

228 TRIP:35 Mexico

極上リゾートが密集するカリブの楽園
「カンクン」

メキシコ東部、メキシコ湾とカリブ海を分けるユカタン半島。その北東部に広がるのが、メキシコを代表する最高のリゾートエリア、カンクンだ。カリブ海に面した約20kmも続く白い砂浜に沿って100以上ものリゾートが密集している。年間300万人以上が訪れる人気エリアだが、国が力を入れて開発したということもあり、ホテル目前に広がる海は高い透明度が保たれている。その為、少し海へと潜ればカラフルな魚に簡単に出逢うことができるのだ。イルカと泳ぐ"ドルフィンスイム"や、ジャングルや海を疾走する"ジャングルツアー"、サンセットを楽しみながら夕食を堪能する"ディナークルーズ"、ダイビングなど、アクティビティに事欠くことはない。一方でゆったりと寛ぐことがメインであれば、すべての煩わしさから解放される「オールインクルーシブ」のリゾートを選択したい。支払うのは宿泊費のみで、一切の追加料金を気にすることなく飲食も楽しめるからだ。アクティブに遊ぶのも、太陽の光を浴びながらのんびり過ごすのも、どちらも受け入れる懐を備えるカンクン。近くにはマヤの遺跡もあるので、個人それぞれの要望に合わせた楽しみ方が可能だ。メキシコの演奏者＝マリアッチが奏でるラテンのリズムに合わせて、陽気にカリブの海を堪能しよう。

Travel Information: 35

極上リゾートが密集するカリブの楽園
カンクン

Mexico ／メキシコ

MAP:

旅の予算
Budget
15万円〜
<大人1名分の総予算>

1

▶現地予算は本書「プラン例」の目安料金
飛行機代、現地送迎、宿泊費（2人部屋利用時の1人分料金）含む、食事、現地ツアー代、燃油サーチャージ除く

行き方
How to get there

2

▶日本からカンクンまでの直行便はない。米国のダラスなどで乗り継いで行くのが一般的だ。成田〜ダラスは約11時間30分、ダラス〜カンクンは約2時間30分。

旅のシーズン
Best Season

3

▶大きく分けて雨期（5〜11月）と乾期（12〜4月）に分かれている。乾期がベストシーズンと言われているが、寒くなり海水浴に適さない日もあるので、泳ぐのがメインであれば注意したい。逆に雨期の方が気温的には適している。しかし、9、10月はハリケーンシーズンとなるので、避けた方が無難。

この旅のヒント
Hints for the trip

4

■100以上ものリゾートが密集するカンクン。その中でそのリゾートを選ぶのはなかなか難しい。部屋から海を望める「オーシャンビュー」や食事も飲み物もすべて料金に含まれている「オールインクルーシブ」、日本語の対応、料金等々の条件によって、選択肢は絞られていく。ここは、旅行会社と相談しながら決めるのがベストだ。

プラン例

1日目　終日　成田発～ダラス乗り継ぎ～カンクン着
2日目　終日　フリー　【カンクン泊】
3日目　午前　ダウンタウン
　　　　午後　フリー　【カンクン泊】
4日目　朝　　カンクン発～ダラス乗り継ぎ～成田へ　【機内泊】
5日目　午後　成田着

Check:1　フリー　　チェックポイント

アクティビティに事欠くことはないカンクン。イルカと泳げる「ドルフィンスイム」や、自ら舵を握りジャングルや海をボートで走る「ジャングルツアー」、ロマンティックな「ディナークルーズ」にダイビングなど楽しむ方法は無限。もちろんリゾートでのんびりもオススメの過ごし方だ。

Check:2　ダウンタウン　　チェックポイント

ホテルゾーンから車で約20分。海岸のリゾート地とはまた異なったメキシコの表情を見ることができる。日用雑貨やタコスなどの屋台に加え、メキシコ土産も揃う。中でもMeccado／メルカド28という民芸品市場は見応えもあり、オススメだ。

Check:3　テキーラ　　ショッピング

メキシコと言えば定番のテキーラ。基本グレードは3種類で3週間寝かせたBlanco／ブランコ、3ヶ月寝かせたReposado／レポサード、1年以上寝かせたAnejo／アニェホがある。時が経つほど高価になるのでまずはBlancoから試してみては？

Check:4　セノーテ　　プラス1日あったら？

カンクンから約1時間30分。ユカタン半島に無数に存在する雨水が溜まった自然の井戸。その規模は大小様々でシュノーケリングやダイビングで水中世界を楽しむことができる。頭上から射し込む太陽の光が照らす水中世界はまさに絶景。

Check:5　チチェン・イッツァ　　プラス1日あったら？

マヤの人々が創り上げたピラミッド「チチェン・イッツァ」。カンクンから車で約2時間30分の位置にある。ピラミッドのみならず、精巧な壁画なども見応え抜群だ。世界遺産にも登録されたマヤを代表する遺跡だ。

[エス・ティー・ワールド]　▶ stworld.jp

日本を拠点としながらも、世界中にネットワークを持つ旅行会社。カンクンには現地支店もあるので、とても心強い。旅の日数や宿も含め、色々とアレンジできるので、まずは気軽に相談してみよう。豊富な種類のパッケージ旅行も魅力だ。

Myanmar
Ngapali

ミャンマー 「ガパリ」

遂に開かれた最後の楽園
古き良きアジアの原風景に続くビーチ

36

TRIP:36 Myanmar 233

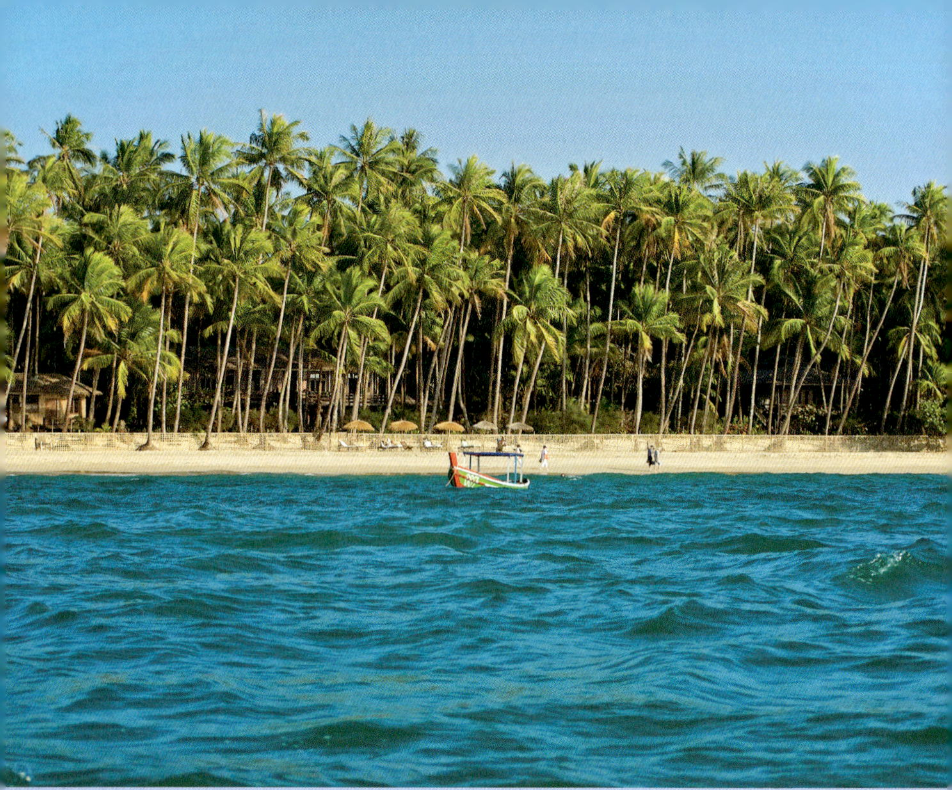

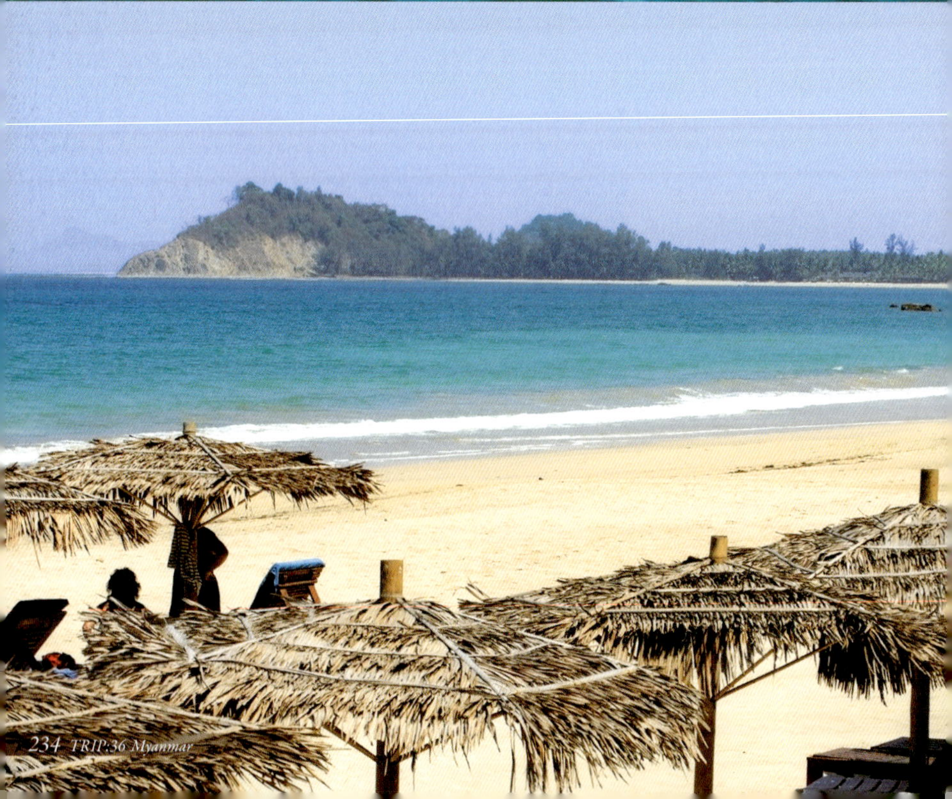

開かれた楽園
「ガパリ」

中国やインド、タイなど複数の国と国境を接する、以前はビルマと呼ばれていた国、ミャンマー。長い間軍事政権下にあった為、閉鎖的な環境だった。しかし、2011年に新政府が誕生したことによって、民主化が進み観光も自由化されてきた。即ち開かれたばかりの国ということなのだ。植民地時代の町並みを残す首都ヤンゴン、世界三大仏教遺跡のバガン、風光明媚なインレー湖などがミャンマーの観光地として有名だが、実は美しいビーチリゾートもある。ミャンマーの西側に位置し、澄み渡るベンガル湾を望むガパリには、全長約5kmの白い砂浜と、エメラルドグリーンの海が広がる。貸し切りボートで近隣の無人島へ行ったり、ダイビングやシュノーケルで珊瑚礁や熱帯魚を眺めたりと海遊びを堪能することができる。加えて、海を眺めながらのマッサージや夕陽を眺めながらのディナー、静かな木陰での昼寝など…。これだけ揃えば充分と思う人も多いのではないだろうか？　また、最大の魅力として忘れてはならないのが、ミャンマーの人々。敬虔な仏教徒が多くを占めるミャンマーでは、感動に値するホスピタリティに触れることができるだろう。路上で遊ぶ子どもたちや、牛車が横切る農村の小道を見ていると、どこか懐かしい古き良きアジアの雰囲気に魅了される。最後の秘境ビーチと言われる程、訪問者が少ない今。心からのリラックスを望む人にはこれ以上の楽園はないかもしれない。開かれた楽園を旅してみよう。

Travel Information: 36

開かれた楽園
ガパリ

Myanmar／ミャンマー

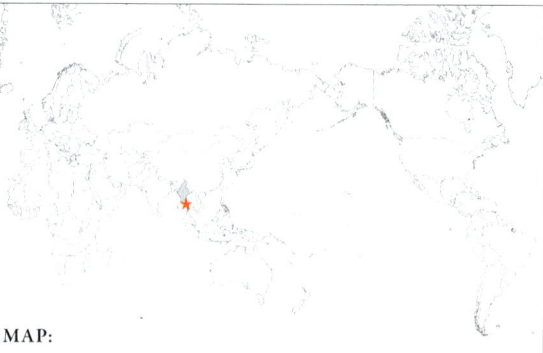

MAP:

旅の予算
Budget

18万円〜
＜大人1名分の総予算＞

1

▶現地予算は本書
「プラン例」の目安料金
飛行機代、現地送迎、宿泊費
（2人部屋利用時の1人分料金）、食事（朝3回）含む、燃油サーチャージ除く

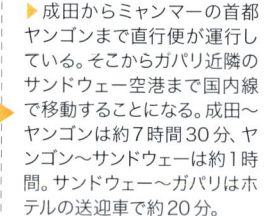

行き方
How to get there

2

▶成田からミャンマーの首都ヤンゴンまで直行便が運行している。そこからガパリ近隣のサンドウェー空港まで国内線で移動することになる。成田〜ヤンゴンは約7時間30分、ヤンゴン〜サンドウェーは約1時間。サンドウェー〜ガパリはホテルの送迎車で約20分。

旅のシーズン
Best Season

3

▶北部の山岳地帯を除き熱帯気候なので一年を通して暖かい。しかし、5〜10月の雨期はどんよりとした曇天が続き、時折強い雨が降る。海の透明度も下がり、多くのホテルがクローズするので、乾期である11〜4月がベストシーズンだ。

この旅のヒント
Hints for the trip

4

■ホテルの数は決して多いとは言えないが、エコノミーホテルも高級ホテルも揃っている。
▶ガパリ内の移動は徒歩で充分。自転車やレンタバイクもあるが、未舗装や凸凹道が多いのであまりオススメしない。

プラン例

- 1日目 終日 成田発〜ヤンゴン着 【ヤンゴン泊】
- 2日目 午前 ヤンゴン発〜サンドウェー着
  - 午後 フリー 【ガパリ泊】
- 3日目 終日 パール島 【ガパリ泊】
- 4日目 午前 ガパリビーチ
  - 午後 サンドウェー発〜ヤンゴン着
  - 夜 ヤンゴン発〜成田へ 【機内泊】
- 5日目 午前 成田着

Check:1 ガパリビーチ　　　チェックポイント
椰子の木が生い茂る全長5kmの白砂ビーチが続いている。北部には高級リゾートが点在し、南部には漁村がある。ビーチに沿って走るメインロード沿いに、数軒の商店も並ぶ。名物のロブスターはホテルのレストランよりローカルレストランで注文した方がリーズナブル。

Check:2 パール島　　　チェックポイント
ガパリからボートで約1時間の小さな無人島。海の透明度が高く、ボートツアーなどでシュノーケルや釣り、サーフィンを楽しめる。もちろん浜辺のデッキチェアーで日光浴や読書などでゆったり過ごしてもいい。小さな商店が1軒あり、飲み物なども購入できる。

Check:3 ビルマ料理　　　食事
インドと中国の影響を受けながら、地元の人にアレンジされたのがビルマ料理。油が多めで、牛肉や豚肉、鶏、魚、豆など多用な食材を使うことが特徴だ。カレー風煮込みの「ヒン」が代名詞となっている。サラダ風和え物「アトウッ」や米からできた麺も試したい。

Check:4 アウンサンスーチーさんグッズ　　　ショッピング
ミャンマーにおける非暴力民主化運動の指導者で、政治家。彼女が議長を務めるNLD（国民民主連盟）の尽力によってミャンマーの民主化が進展した。ミャンマーを語るには外せない彼女の姿が描かれたTシャツやキーホルダーなどは、同国を代表するお土産になっている。

Check:5 ヤンゴン　　　プラス1日あったら?
ミャンマーの首都で、仏塔パゴダや博物館、マーケットなど見所満載。国内外から参拝者が絶えないシュエダゴン・パゴダの中心には、境内の真ん中に美しい金色の塔がそびえ立っている

旅の相談と手配先は: [エス・ティー・ワールド] ▶ **stworld.jp**

日本を拠点としながらも、世界中にネットワークを持つ旅行会社。旅の日数や宿も含め、色々とアレンジできるので、まずは気軽に相談してみよう。豊富な種類のパッケージ旅行も魅力だ。

U.S.A
Miami

🇺🇸 アメリカ「マイアミ」

パステルカラーが彩る
アメリカ最高の陽気な楽園

37

TRIP:37 U.S.A 239

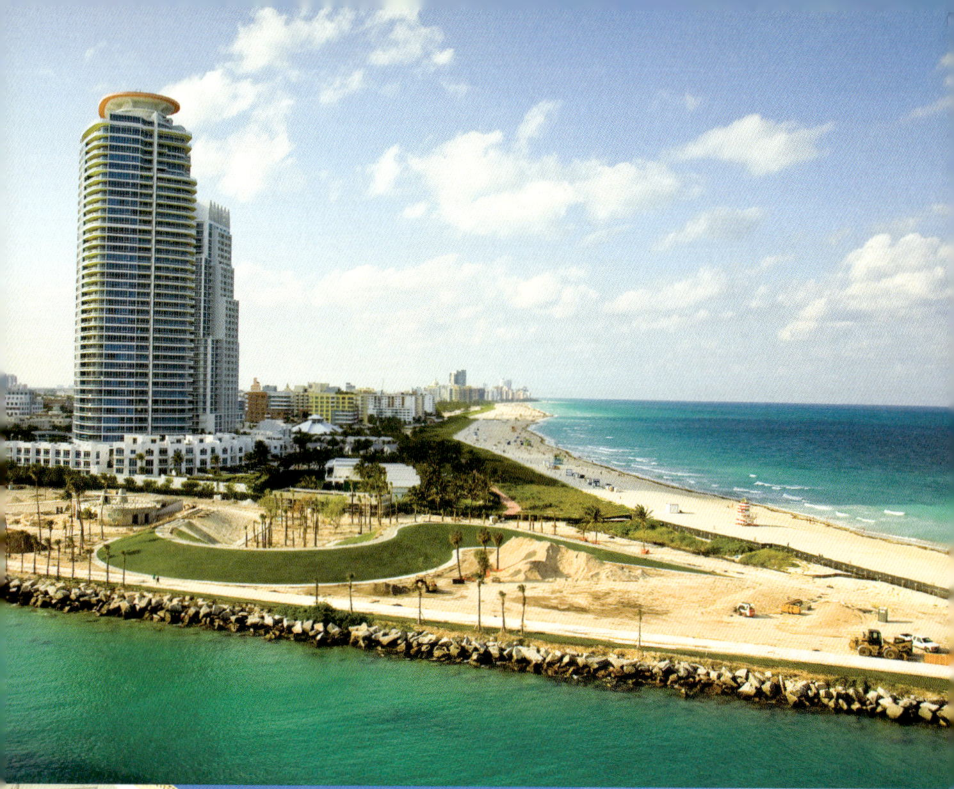

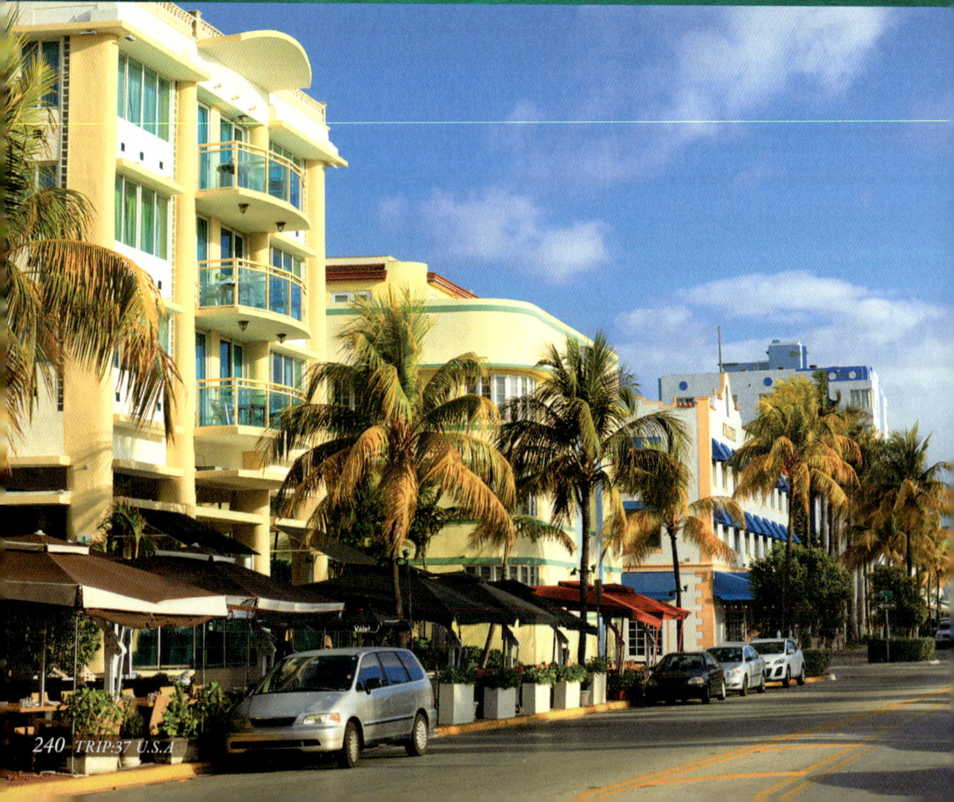

アメリカ最高の楽園
「マイアミ」

アメリカ南東部、フロリダ半島の突端に位置するマイアミ。青い海と空、白砂のビーチに潮風に揺られる椰子の木…まさに画に描いたような常夏の楽園だ。地理的関係からキューバをはじめとしたラテンアメリカからの移民が多く、彼らが醸し出す陽気なリズムに飛び交うスペイン語が、そのまま街の雰囲気を作り出している。
南北に続く16kmもの白砂のビーチ沿いには、パステルカラーが鮮やかな建築群が建ち並ぶ。1920年の空気をそのままに、幾何学的な線やパターン化された模様が特徴のアールデコ調の装飾が施され、海岸を歩くだけでノスタルジックな世界を堪能できる。半島の南西に広がるフロリダ・キーズ諸島の西端の島、キーウエスト島へと車で走れば、美しい海が左右に広がる。特に"セブンマイルブリッジ"と呼ばれる、約11km続く橋の上からの絶景は圧巻だ。
温暖な気候に海、ビーチ、陽気な雰囲気…。世界中のスターが居を構えるほどの魅力が詰まったマイアミで、アメリカ最高の楽園を堪能しよう。

Travel Information: 37

アメリカ最高の楽園
マイアミ

U.S.A／アメリカ

MAP:

旅の予算
Budget

15万円〜
<大人1名分の総予算>

1

▶現地予算は本書「プラン例」の目安料金
飛行機代、現地送迎、宿泊費（2人部屋利用時の1人分料金）、食事（昼3回）、2日目のツアー代含む、燃油サーチャージ除く

行き方
How to get there

2

▶日本からマイアミまでの直行便は運行していないので、ニューヨークやヒューストン、ダラス、シカゴなどの米国1都市での乗り継ぎが必要となる。羽田〜ニューヨークは約12時間50分、ニューヨーク〜マイアミは3時間15分。

旅のシーズン
Best Season

3

▶常夏の楽園マイアミ。1年を通じて温暖な気候だが、ハリケーンシーズンとなる8〜10月と、気温が特に高くなる夏場（6、7月）も避けた方が無難だ。その為、冬（11〜3月）がベストシーズンと言われているが4、5月もオススメのシーズン。

この旅のヒント
Hints for the trip

4

■本書で紹介しているキーウエストまでは、車で片道約4〜5時間の長距離移動となる。レンタカーで行くこともできなくないが、日帰りの場合は体力を考慮するとツアーの方が安心。キーウエストで1泊する前提であれば自らハンドルを握るのも楽しいだろう。

プラン例

1日目	終日	羽田発〜米国1都市乗り継ぎ〜マイアミ着 【マイアミ泊】
2日目	終日	キーウエスト 【マイアミ泊】
3日目	終日	フリー 【マイアミ泊】
4日目	午前	フリー
	午後	マイアミ発〜米国1都市乗り継ぎ〜羽田へ 【機内泊】
5日目	夜	羽田着

Check:1 キーウエスト　　　チェックポイント

マイアミから南西に向かって鎖状に連なる島々の西端にある島。マイアミからは42もの橋で繋がっており、陸路で行くことができる。ビーチはもちろん飲食店なども並ぶリゾート地で、作家のヘミングウェイが愛した土地としても有名だ。

Check:2 フリーの過ごし方　　　チェックポイント

ビーチでのんびりはもちろん、アールデコ様式の建物が並ぶアールデコ地区を歩いたり、ショッピングを楽しんだり、珊瑚礁が広がるキーラーゴでシュノーケリングしたりと選択肢は多い。種類豊富な現地発着ツアーに参加したり、ゆっくり過ごしてみたりと、好みで決めよう。

Check:3 ストーンクラブ　　　食事

カリブ海沿岸で獲れるカニ、ストーンクラブ。マイアミ名物として有名だ。硬い殻に覆われたぷりぷりの身を、バターやレモンで味わう。ハサミが付いた脚は再生するという特徴を持っている為、漁では脚だけを取り、海へ戻すという。

Check:4 ショッピング天国　　　ショッピング

マイアミは流行の発信地とも言われ、多くのショッピングスポットが存在する。中でもLincoln Road／リンカーンロードはファッション、エスニック、アート、レストランなどが並ぶ、歩くだけでも楽しいストリート。ウインドウショッピングを楽しもう。

Check:5 エバーグレイズ　　　プラス1日あったら？

マイアミから車で約1時間。世界遺産に登録されている、湿地帯が広がる国立公園。数百種類もの鳥類や魚類が生息している。扇風機のような巨大なファンを回すことによって進むボートで川をくだれば、ワニやカメ、数々の野鳥のワイルドライフを観察することができる。

[エス・ティー・ワールド]　▶stworld.jp

日本を拠点としながらも、世界中にネットワークを持つ旅行会社。旅の日数や宿も含め、色々とアレンジできるので、まずは気軽に相談してみよう。豊富な種類のパッケージ旅行も魅力だ。

Okinawa, Japan
Miyako Island

日本・沖縄県「宮古島」

東洋一の砂浜を求めて
美ぎ島を巡る癒しの旅

38

TRIP:38 Okinawa,Japan 245

246 TRIP:38 Okinawa,Japan

美ぎ島
「宮古島」

沖縄本島と石垣島の間に浮かぶ大小12の島が連なる宮古諸島。全島が隆起珊瑚礁によってできており、島の周囲にはダイナミックな珊瑚礁が広がっている。
中心になるのは諸島最大の島、宮古島。起伏が少ない大地一面に広がるサトウキビ畑、島を囲む透明度の高い海、都会の喧噪とは無縁のゆっくりとした空気感が魅力だ。特筆すべきは、島西部の与那覇前浜ビーチ。宮古ブルーとも呼ばれるエメラルドの海に、ゴミひとつ落ちていない真っ白な砂浜が約7kmも続くのだ。その美しさから「東洋一美しいビーチ」とも称され、何度も日本一のビーチに選出されている。その広さ故、混雑とは無縁。日中はゆったりと海水浴、夕方は海と白砂を鮮やかに染める極上のサンセットを堪能したい。宮古諸島に属する池間、来間の両島には、宮古島から橋が架かっているので、レンタカーを借りれば簡単に3島を巡る事も可能だ。エメラルド色の海とそれを貫く橋が織り成す景色はまさに絶景。池間、来間での静寂に満ちたビーチも楽しみたい。息を呑む美しさのビーチ、打ち寄せる波のせせらぎ、サトウキビ畑に吹く風が奏でる葉のささやき…素朴な表情が多く残る宮古島＝美ぎ島で、癒しの日々を過ごしたい。

Travel Information: 38

美ぎ島
宮古島
Okinawa, Japan ／日本・沖縄県

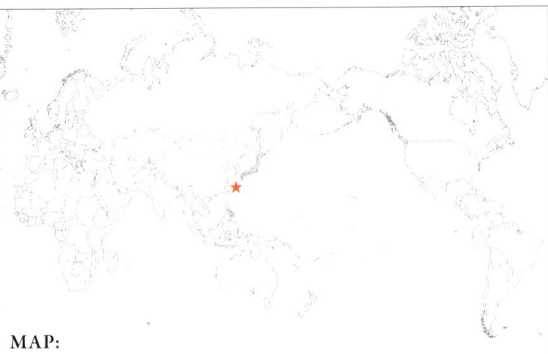

MAP:

旅の予算
Budget
10万円〜
＜大人1名分の総予算＞

1

▶現地予算は本書「プラン例」の目安料金
飛行機代、宿泊費（2人部屋利用時の1人分料金）、レンタカー代（5日間）含む、食費、ガソリン代除く

行き方
How to get there

2

▶羽田や那覇から直行便が運行している。他の地域からは那覇を乗り継ぐことが一般的だ。羽田〜宮古島は約3時間20分。空港からはレンタカーでの移動がオススメ。事前に予約しておこう。

旅のシーズン
Best Season

3

▶年間を通じて温暖な気候だが、海水浴となると5〜10月頃がシーズンとなる。しかし、5月中旬〜6月中旬は梅雨、9月は台風シーズンになるので、この辺は運も必要だ。夏休みの時期がベストシーズンとなるが、それだけに旅費も上がる。

この旅のヒント
Hints for the trip

4

■国内だけに、様々な旅行会社がツアーを企画している。一方で航空券のみや航空券＋ホテルのみというプランもあるので、自身のスタイルに合わせて手配しよう。オススメは航空券とホテルがセットになっているもので、現地はレンタカーで巡るスタイル。航空券とホテルを別々に手配するよりも安くなることがある。また連休を避けるのが、安くするポイント。

プラン例

1日目	午前	羽田発～宮古島着【宮古島泊】
2日目	終日	与那覇前浜ビーチ【宮古島泊】
3日目	終日	ドライブ（来間島、池間島、東安名前崎など）【宮古島泊】
4日目	終日	フリー【宮古島泊】
5日目	午前	フリー
	午後	宮古島発～羽田着

Check:1 与那覇前浜ビーチ　　チェックポイント

空港から車で約30分。売店や食堂、シャワー、トイレ、駐車場なども完備されている。また、バナナボートやジェットスキーなどのアクティビティも可能だ。シュノーケリングで珊瑚や魚の群れというよりは、美しい景色に包まれてのんびりすごしたい。

Check:2 ドライブ　　チェックポイント

まずドライブで巡りたいのは、北西にある池間島と南西になる来間島。池間島に架かる池間大橋（1,452m）、来間島に架かる来間大橋（1,690m）を渡るのも楽しみだ。また南東端にある「東平安名崎／ひがしへんなざき」では太平洋と東シナ海を一望できる絶景を望むことができる。

Check:3 宮古島の他の見所　　チェックポイント

隆起珊瑚でできた自然のアーチと海の共演が素晴らしい「砂山ビーチ」や千数百種の植物が集められた「熱帯植物園」、来海大橋と宮古島と海を一望できる来海島にある「竜宮城展望台」などがオススメ。島1周は車で4時間ほどなので、じっくりと巡ってみよう。

Check:4 宮古そば　　食事

ソーキそばとも沖縄そばとも呼ばれる沖縄のそば。そして宮古島にあるのは、「宮古そば」だ。大きな特徴としては縮れのない細い麺とあっさりしたスープ。店ごとに味は異なるので、お気に入りの一杯を探してみよう。

Check:5 沖縄土産　　ショッピング

沖縄のお土産といえば、ちんすこう、紅いもたると、黒糖、泡盛、南国フルーツ、かりゆしウェア…と幾つもある。中でも雪と見紛うほどのサラサラした「雪塩」は、宮古の海中のミネラルを豊富に含んだ塩で、大人気商品になっている。料理にも最適なので、是非。

旅の相談と手配先は？ Arranging the trip

[H.I.S.] ▶ www.his-j.com

日本全国にあるH.I.S.の営業所にて旅の相談や手配が可能だ。現地入りしてから困ったことなどがあった場合、すぐに連絡できるので心強い。価格も良心的で頼りになる旅行会社だ。

TRIP:38 Okinawa,Japan 249

Okinawa, Japan
Kume Island

🇯🇵 日本・沖縄県 「久米島」

白と碧が描く絶景
左右に海を抱く、純白の砂浜

39

TRIP:39 Okinawa, Japan 251

TRIP:39 Okinawa,Japan

球美の島
「久米島」

沖縄本島より西へ約100km。琉球王朝時代から琉球列島の中で最も美しいと言われ、球美の島と呼ばれてきた久米島。沖縄情緒溢れる自然や文化が、今も色濃く残る島だ。島の東岸に位置する「日本の渚100選」にも選ばれた、約2kmもの白い砂浜が続くイーフビーチが中心地。そこを拠点として、海に自然に、町を巡る。一番の魅力は、東のコバルトブルーに輝く海と砂洲だけで構成される"ハテの浜"。3つの砂浜だけの島が約7kmに渡って連なり、久米島に近い順から「前の浜」、「中の浜」、「果ての浜」という名が付けられている。総称して「ハテの浜」と呼ばれるその景色は、奇跡とも呼べる存在だ。他にも島を囲む1,000m級の深い海から供される豊かな水中世界や、五角形や六角形の岩が1,000以上も敷き詰められた奇景"畳石、肌に優しい海洋深層水100%のプール、250年前に建てられた沖縄最古の民家"旧家上江州家"など見所も多い。また車が坂道を勝手に登っていく世にも珍しい"おばけ坂"にも訪れたい。まるで別世界の絶景に、溢れ出る沖縄情緒。「球美の島」と呼ばれる由縁を肌で感じる島巡りの旅へ。

TRIP:39 Okinawa,Japan 253

Travel Information: 39

球美の島
久米島
Okinawa,Japan
／日本・沖縄県

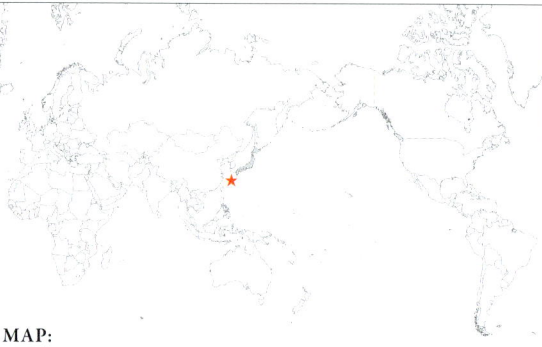

MAP:

旅の予算
Budget

18万円〜
＜大人1名分の総予算＞

1

▶現地予算は本書「プラン例」の目安料金
飛行機代、宿泊費（2人部屋利用時の1人分料金）、食事（朝4回）、レンタカー代（5日間）含む、ガソリン代除く

行き方
How to get there

2

▶那覇から直行便が運行している。他の地域からは那覇を乗り継ぐことが一般的だ。空港からはレンタカーでの移動がオススメ。事前に予約しておこう。

旅のシーズン
Best Season

3

▶年間を通じて温暖な気候だが、海水浴となると5〜10月頃がシーズンとなる。しかし、5月中旬〜6月中旬は梅雨、9月は台風シーズンになるので、この辺は運も必要だ。夏休みの時期がベストシーズンとなるが、それだけに旅費も上がる。

この旅のヒント
Hints for the trip

4

■国内だけに、様々な旅行会社がツアーを企画している。一方で航空券のみや航空券＋ホテルのみというプランもあるので、自身のスタイルに合わせて手配しよう。オススメは航空券とホテルがセットになっているもので、現地はレンタカーで巡るスタイル。航空券とホテルを別々に手配するよりも安くなることがある。また連休を避けるのが、安くするポイント。

プラン例

- 1日目　午後　羽田発〜久米島着　【久米島泊】
- 2日目　終日　ドライブ（旧家上江州家、おばけ坂など）【久米島泊】
- 3日目　午前　ハテの浜
　　　　午後　フリー　【久米島泊】
- 4日目　終日　奥武島（畳石、バーデハウス久米島など）【久米島泊】
- 5日目　終日　フリー
　　　　夜　　久米島発〜羽田着

Check:1 ドライブ　　チェックポイント

久米島は小さい島なので、あちこちに立ち寄りながらでも5時間ほどで一周できる。中央よりやや西に位置する"旧家上江州家"で当時の佇まいを見学したり、空港近くにある停めた車が上り坂を登っていく"おばけ坂"などには是非訪れたい。

Check:2 ハテの浜　　チェックポイント

ハテの浜への玄関口となる港は島東部にある「泊フィッシャリーナ」。そこからボートに乗って、約30分で奇跡の世界へと足を踏み入れることができる。寝転んだり、泳いだりして過ごすことになるが、トイレが1つあるだけで、日を遮るものは何もないので、日焼け・日除けグッズを必ず持参しよう。

Check:3 奥武島（おうじま）の畳石　　チェックポイント

久米島の東部より橋で繋がる小島。その南の海岸に五角形や六角形の岩が敷き詰められている。溶岩が冷える過程でできたものと言われている。巨大な亀の甲羅に見えることから「亀甲岩」とも呼ばれ、県指定の天然記念物になっている。

Check:4 バーデハウス久米島　　チェックポイント

畳石と同じく奥武島にあるスパ施設。久米島沖は612mもの深海から取水した、太陽の光が届かない地球の深海を巡る海水＝海洋深層水。それを100％使用したプールやジャグジーが人気。ミネラルが豊富な為、肌がツルツルになると特に女性から大絶賛されている。

Check:5 久米島土産　　ショッピング

久米島と言えば、沖縄泡盛の「久米仙」が有名だ。他にも海洋深層水から作られた塩も是非購入したい。またもずくやミソクッキー、島のサトウキビ100％で作られた黒砂糖、また時期によっては沖縄ならではの南国フルーツもオススメだ。

旅の相談と手配先は？　Arranging the trip

[H.I.S.]　▶ www.his-j.com

日本全国にあるH.I.S.の営業所にて旅の相談や手配が可能だ。現地入りしてから困ったことなどがあった場合、すぐに連絡できるので心強い。価格も良心的で頼りになる旅行会社だ。

無人島
Uninhabited Island

自分だけの楽園
無人島を手に入れよう

40
TRIP:40 Uninhabited Island 257

258 TRIP:32 Uninhabited Island

自分のだけの楽園
「無人島」

地球上に星の数ほど存在する無人島。そのひとつを我が物とし、自分色の島を築けるとしたら…。あなたはどんなイメージを描くだろうか？ みんなが楽しめるリゾートを創ってみるのも楽しそうだし、完全に俗世と離れる隠れ家にするのも面白いかも、と妄想が加速し、ワクワクが止まらなくなるだろう。島を手に入れるということ。それは絶対不可能な夢物語ではない。国内でも海外でも、島によっては"物件"として扱われ、購入することができるのだ。気になる値段だが、アクセス方法や景観、建築規制の有無など様々な要素によって大きく変わるので、残念ながら目安というものは存在しない。しかし、高級外車ぐらいの金額で購入できるものもあるので、一生に一度の買い物として選択肢に入れるのもアリだろう。素敵な島を購入して、一生をかけて理想の島を築くこと。それは即ち、最高の楽園を創るということだろう。実現すれば5日間どころか、楽園の中に住み続けることができる。夢の究極プライベート島生活だ。さぁ、コツコツ貯金でも始めますか!?

Travel Information: 40

自分のだけの楽園
無人島

Now On Sale!
販売中の無人島チェック!

国内で唯一、無人島を販売している会社「アクアスタイルズ」。発売中の島々の一部が、国内、国外に分けて紹介されている。2千万円の島から数億円の島まで揃っているので、まずは参考にしてみよう。

---

1 小鞠山島(こまりやまじま) 🇯🇵 日本
<販売価格>
1億5千万円

▶和歌山県西部に位置する、透明度の高い海に囲まれ、白砂のビーチが広がる島。バスケットコート2面分の平坦地があり、住居等の建築が可能。本島から船で5分という好立地。

---

2 丸島 🇯🇵 日本
<販売価格>
2千2百万円

▶三重県南部の真珠や海苔の養殖の為のイカダが多く浮かぶ湾内に位置する。陸地から30mほどの距離ということから、インフラ整備がしやすいのが特徴だ。建築が可能な為、窓から釣りをするという夢の家を建てることも!?

---

3 ウルメ島 🇯🇵 日本
<販売価格>
3千5百万円

▶四国は徳島県東部に位置する。金額には、ほぼ陸続きの小島、姥島と、本島の岬部分が含まれている。室戸阿南海岸国定公園第2種にかかる為、多少規制は生じるが建築が可能となっている物件。

---

4 藍之島 🇯🇵 日本
<販売価格>
3億円

▶広島県南部に位置する。広島空港から車で約1時間の距離にあり、他県からでもアクセスが容易だ。島内には井戸水があるので、飲用水を確保できるのも利点のひとつ。約8万㎡という大きさなので、色々選択肢は広がるだろう。仲間を募って購入するのもアリ!?

相談は？ [アクアスタイルズ] ▶www.aqua-styles.com

国内唯一の無人島販売会社「アクアスタイルズ」。国内外を問わず無人島購入を検討する際には是非とも相談したい。無人島以外にもハワイやタイ、ニュージーランド、オーストラリアなどの海外不動産も紹介している。きっと夢が広がるので、一度はサイトを覗いてみよう。

5 ミドルハードウッド島
アメリカ

<販売価格>
145万ドル

▶アメリカ北東部のメーン州に位置する。大西洋に面しながらも湾内の為、波が穏やかな島だ。島には母屋に加えベッドやキッチン、浴室も備わったゲスト用コテージが2棟付いてくる。本土からのアクセスが良好なのに加え、船着き場が整備されているのも嬉しい。

6 モート島
タヒチ

<販売価格>
133万ユーロ

▶タヒチの中心地パペーテの北西部、ボラボラ島のすぐ隣。誰もが憧れるタヒチの島のひとつを手に入れるという最高の贅沢が叶う。透き通る海に白砂のビーチ、さらにキッチンが付いたバンガローも付属する。

7 クダフ島
モルディブ

<25年リース>
300万ポンド

▶モルディブの玄関口マーレから北へ水上飛行機で約40分。コバルトブルーに輝く遠浅の海が魅力的だ。島の約1/4を開発できる。しかしこの物件は25年のリース契約のみ。モルディブでは土地の所有ができないので、この形が一般的となる。

8 パーム島
トンガ

<80年リース>
490万ドル

▶ニュージーランドから飛行機で約2時間。白砂のビーチと、コバルトブルーの海に囲まれた宝石のような島だ。この島の最大の特徴は、手に入れたその日からリゾートのオーナーになれるということ。以前に開発された13のビラを始めとした素敵な施設が残っているのだ。

6日間以上の休みで行けちゃう！楽園・南の島への旅

MORE THAN 6 DAYS PARADISE TRIP GUIDE
PRESENTED BY A-WORKS

5日間+αの休みで行けちゃう
楽園・南の島への旅
MORE THAN 6 DAYS PARADISE TRIP GUIDE

!

Tahiti
Bora Bora Island

海の上に浮かぶ極上空間
南太平洋に輝くパールアイランド

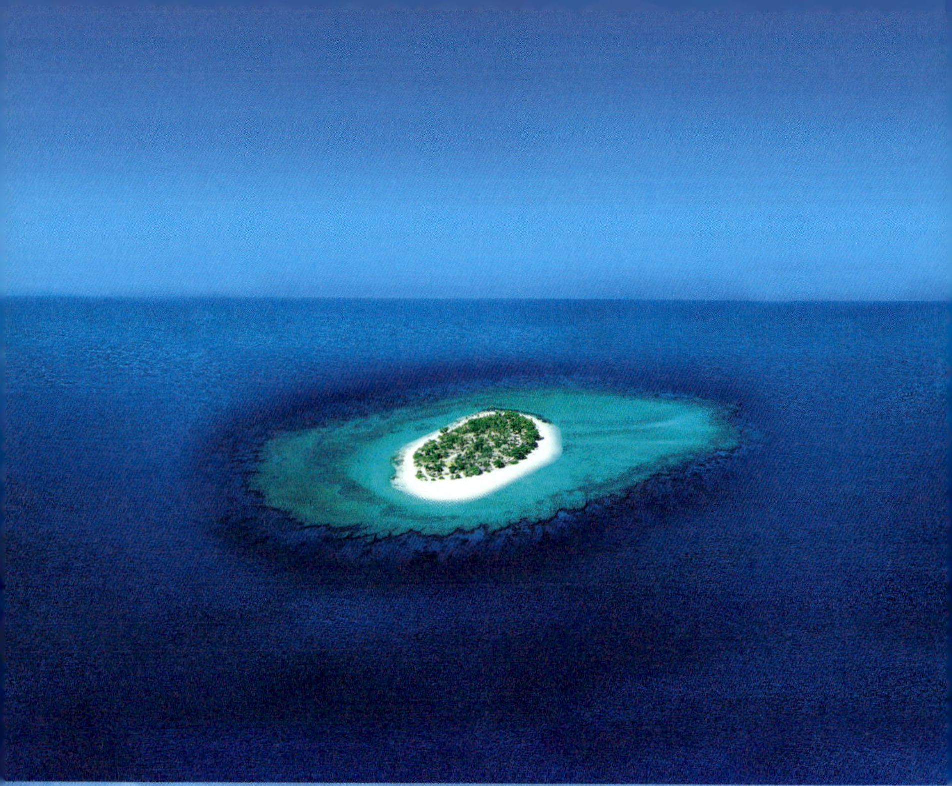

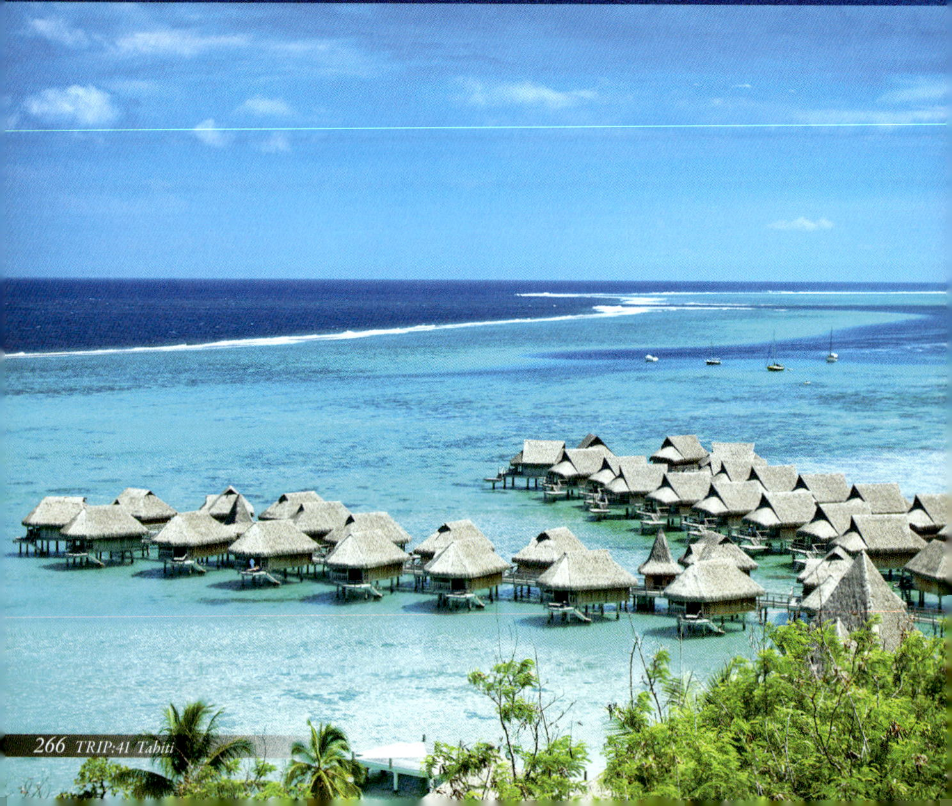

南太平洋の真珠
「ボラボラ島」

日本から南東へ約9,500km、南太平洋に点在する118の島々から構成される仏領ポリネシア、タヒチ。その玄関口となるのが、最大の面積をもつタヒチ島のパペーテだ。離島への拠点となる他、豊富なショッピングスポットや各種アクティビティが揃う。しかし、偉大なる画家ポール・ゴーギャンが愛したことでも知られるこの美しい島だが、白い砂浜はない。火山性の黒砂が多い為、ホワイトサンドを求めるならば離島に向かおう。

目指すは、タヒチ島の北西約260kmに位置するボラボラ島。島の中央にそびえるシンボル"オテマヌ山"を、果てしなく続くブルーグラデーションの海とモツ（小島）が囲んでいる。その光景から「南太平洋の真珠」と称されている。この島では、いつでもすぐ近くに煌めく海を感じることができる水上コテージに宿泊したい。海を眺め、泳ぎ、絶品料理を味わい、うたた寝をして、夜は満天の星空を眺める…。そんな極上空間に身を委ね、至福のひとときを過ごそう。

Travel Information: 41

南太平洋の真珠
ボラボラ島

Tahiti ／タヒチ

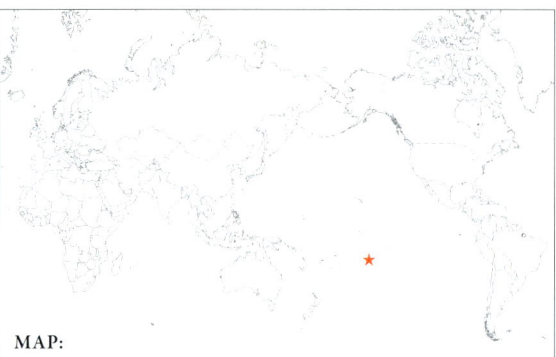

MAP:

旅の予算
Budget

30万円〜
<大人1名分の総予算>

▶現地予算は本書「プラン例」の目安料金
飛行機代、現地送迎、宿泊費、食事（朝3回、昼1回）、現地ツアー代（無人島ツアー）含む、燃油サーチャージ除く

行き方
How to get there

▶成田からタヒチの玄関口タヒチ島のパペーテまで、曜日が限られるが直行便が運行している。ボラボラ島までは国内線で移動することになる。成田〜パペーテは約11時間20分、パペーテ〜ボラボラ島は約50分。

旅のシーズン
Best Season

▶タヒチは4〜11月は乾期、12〜3月は雨期と分かれている。常夏の島なので、1年中泳ぐことが可能。4〜11月はハイシーズンとなる為、ホテルが混雑しやすいという一面があるので注意。

この旅のヒント
Hints for the trip

■数あるボラボラ島の水上リゾート。本書の予算は比較的リーズナブルに滞在できる、Bor Bora Pearl Beach Resortを前提に紹介した。他にも様々なタイプのものがあるので、旅行会社に相談して決めよう。

プラン例

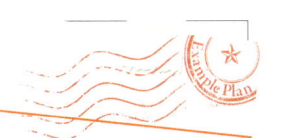

1日目	終日	成田発～パペーテ乗り継ぎ～ボラボラ島着 【ボラボラ島泊】
2日目	終日	ボラボラ島モツ(無人島) ピクニックツアー 【ボラボラ島泊】
3日目	朝	カヌー朝食(カヌーで朝食をデリバリー)
	終日	フリー 【ボラボラ島泊】
4日目	午前	フリー
	午後	ボラボラ島発～パペーテ着 【パペーテ泊】
5日目	終日	パペーテ発～成田へ 【機内泊】
6日目	午後	成田着

Check:1 パペーテ　　チェックポイント

タヒチ産黒真珠やタヒチの地ビール"ヒナノビール"グッズ、パレオなどのショッピングはもちろん、ゴーギャンの歴史を学べる博物館やルロット(屋台街)、マルシェ(市場)など散策に最適な町。ボラボラからパペーテに着いた4日目に町を巡ってみよう。

Check:2 ボラボラ島　　チェックポイント

水上コテージでのんびりというのも最高の過ごし方だが、もちろんアクティビティも充実している。無人島でのランチやエイの餌付け、シュノーケリング、潜水艦での水中散策、高台からボラボラ島の絶景を望むものまで様々。最高のボラボラデイズを過ごそう。

Check:3 Bora Bora Pearl Beach Resort　　宿泊

ボラボラ島にある天然木を活かして建てられた、伝統的なポリネシア様式のリゾート。淡い碧から深い碧へのグラデーションを描く海と、南国情緒を盛り上げる椰子の木々に囲まれている。日本語対応可能な従業員が常駐しているのも嬉しい。▶ www.spmhotels.com/resort/bora-bora

Check:4 黒真珠　　ショッピング

タヒチが原産の黒真珠。時代を超え、魅力を放ち続ける黒真珠。タヒチ島には多くの黒真珠ショップが軒を連ね、様々なデザインで仕上げられた商品が揃っている。せっかくこの機会に、お気に入りの"ブラック・パール"を見つけてみては？

Check:5 離島巡り　　プラス2日あったら？

飛行機の関係で滞在を延長する場合は+2日となるタヒチ。ボラボラ島とタヒチ島に加えるならば、フェリーで気軽に行けるポリネシア文化を体験できるモーレア島もしくは、飛行機で行くタヒチ最大の環礁で絵はがきのような世界が広がるランギロア島に訪れたい。

[エス・ティー・ワールド] ▶ stworld.jp

日本を拠点としながらも、世界中にネットワークを持つ旅行会社。タヒチには現地支店もあるので、とても心強い。旅の日数や宿も含め、色々とアレンジできるので、まずは気軽に相談してみよう。豊富な種類のパッケージ旅行も魅力だ。

Chile
Easter Island

チリ「イースター島」

謎に包まれる1,000体の石像群
神秘に満ちた絶海の孤島

42

TRIP:42 Chile 271

272 TRIP:42 Chile

絶海の孤島
「イースター島」

南米はチリ本土から西へ約3,800km、タヒチから東へ約4,000km、最も近い人が住む島でさえ、2,000kmの彼方…、絶海の孤島と呼ばれるイースター島だ。1722年の復活祭＝イースターの日に"発見"されたことからイースター島と名付けられた。海底火山の噴火によってできた周囲60kmほどの小さな島には、先住民を意味するラパ・ヌイの人々が暮らしている。

この島を世界的に有名にしたのは、かの有名な石像モアイの存在。宗教的な建造物だという説が有力とされているが、その運搬方法など未だに多くの部分が謎のベールに包まれている。海岸に築かれたアフと呼ばれる祭壇上に並び、島を見守る姿が有名だが、それはほんの一部。島には作りかけのものも合わせおよそ1,000体のモアイがあちらこちらに佇んでいる。

島にある唯一の村ハンガロアを拠点にして、珍しい正座しているモアイからプカオと呼ばれる帽子を被ったモアイ、海をバックに内陸を向くモアイ、海を眺めているモアイ、製造途中のモアイなどなど、島に点在する神秘のモアイに出逢おう。

群青色の海の美しい海に囲まれた絶海の孤島イースター島。パワースポットとしても知られているこの島で、摩訶不思議な歴史にふれよう。

TRIP:42 Chile

Travel Information: 42

絶海の孤島
イースター島
Chile／チリ

MAP:

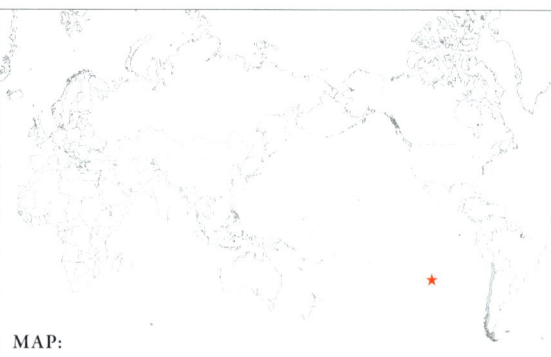

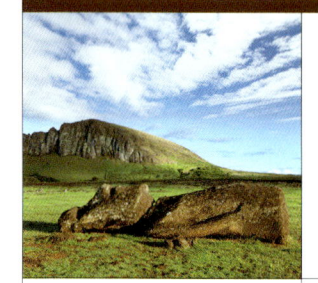

1 旅の予算 Budget
27万円〜
＜大人1名分の総予算＞

▶現地予算は本書「プラン例」の目安料金
飛行機代、現地送迎、宿泊費、食事（朝2回、昼1回）、現地ツアー代含む、燃油サーチャージ除く

2 行き方 How to get there

▶成田からイースター島までの直行便はない。その為、米国1都市又は2都市に加えチリの首都サンティアゴでの乗り継ぎが必要となる。便によっては往復共にサンティアゴで1泊する必要が生じるので注意が必要だ。成田〜サンティアゴは約24時間、サンチャゴ〜イースター島は約5時間40分。

3 旅のシーズン Best Season

▶イースター島の気候は大きく分けると、晴れ間の多い乾期（11〜4月）と曇りがちな日が多い雨期（5〜10月）となる。南半球にある為、日本と真逆の気候だ。1年中訪れモアイ観光を楽しむことが可能だが、海水浴することを考えると乾期に訪れたい。

4 この旅のヒント Hints for the trip

■本書では最短プランで紹介した。飛行時間が長い為、体力的に心配だと思う人は日数を伸ばした方が賢明だろう。また、イースター島へのアクセスはサンティアゴからだけでなく、タヒチのパペーテからも行くことができる。日数が許せばタヒチとイースター島をセットで楽しむのがオススメ。

プラン例

1日目	終日	成田発～米国1都市、サンチャゴ乗り継ぎ～イースター島へ 【機内泊】
2日目	夜	イースター島着 【イースター島泊】
3日目	終日	フリー1 【イースター島泊】
4日目	午前	フリー2
	午後	イースター島発～サンチャゴ 【サンチャゴ泊】
5日目	午前	フリー
	午後	サンチャゴ発～米国1都市乗り継ぎ～成田へ 【機内泊】
6日目	終日	機上 【機内泊】
7日目	夕方	成田着

Check:1 フリー1　　チェックポイント

見所が島中に点在するイースター島。1日目、2日目と分けて効率良く巡りたい。1日目はうつぶせに倒れたモアイ「アフ・バイフ」やモアイ製造工場と言われる「ラノララク」、海を背に15体が並ぶ「アフ・トンガリキ」、来日経験のあるモアイ「ホトゥイティ」などを巡ろう。

Check:2 フリー2　　チェックポイント

2日目はモアイに加え、かつて行われていた鳥人伝説（その年の支配者を決める祭儀）の舞台となった「オロンゴ岬」、草原の丘に7体のモアイが並ぶ「アフ・アキビ」などを巡りたい。オロンゴ岬にはかつての石室やロンゴロンゴと呼ばれる絵文字が残されている。

Check:3 モアイの置物　　ショッピング

イースター島を訪れたからには手に入れたいのが、モアイの置物。島にあるモアイと同様に島の石を削り出して作られているので、本物のミニモアイといえるだろう。家の守り神としてお土産にオススメの一品。ハンガロア村などで購入が可能だ。

Check:4 イースター島　　プラス1日あったら？

＋1日では翌日に飛行機が運航していないこともあるので、現実的には飛行機のスケジュール次第となる。島に吹く穏やかな風に頬を撫でられながら群青色の海を眺めていると1週間でも2週間でも滞在したくなってしまう。時間が許す限り島時間を楽しみたい。

Check:5 サンティアゴ　　プラス1日あったら？

チリの首都、サンティアゴ。アンデス山脈の麓にして、チリワインの生産地としても知られている。大統領宮殿「モネダ宮殿」、街の中心地「アルマス広場」、市内を一望できる「サン・クリストバルの丘」などを巡ろう。

[Five Star Club] ▶ www.fivestar-club.jp

世界中を手配範囲とする旅行会社。多種多様なテーマでのパッケージツアーに加え、オーダーメイドももちろん手配OK。Five Star Clubがプロデュースするこだわりの旅は、とても魅力的。まずは、気軽に連絡するところから始めてみよう。

Mauritius

天国のモデルと称される神秘の孤島
別次元の「碧」が広がるインド洋の貴婦人

TRIP:43 Mauritius

278 *TRIP:43 Mauritius*

インド洋の貴婦人
「モーリシャス」

「天国のモデル」と謳われるアフリカの東に浮かぶ小島、モーリシャス。そこから漂う上質な空気から「インド洋の貴婦人」とも称されている。アフリカ随一の経済力に加え、整備保全された自然環境、国民性に根付いたホスピタリティが世界中の旅人を魅了し続けている。別次元とも言える「碧」が広がる海と白砂に包まれたこの楽園では、ビーチで寛いでいるだけでも素晴らしい時間を過ごせるが、海に入り少し沖合へと泳げば、一面のサンゴ礁と色彩豊かな熱帯魚の群れに簡単に出逢うことができる。もちろん、あらゆるウォータースポーツも体験可能で、海底にガラスをはめ込んだグラスボトムボートに乗り込み海中冒険へと行くのも楽しい。そして、絶対に外してはならないのが、東海岸の沖合に浮かぶ小島"イル・オ・セルフ"。眩いブルーに輝く海と、島へと続く神秘の砂洲が紡ぐ絶景は必ず見ておきたい。モーリシャスのもうひとつの魅力は、島の多様な自然環境。奇妙な形の山々と裾野には、サトウキビ畑、固有の植物や鳥類、野生動物が生息している原生林が生い茂る自然保護区が広がる。"カゼラ・ネイチャー&レジャーパーク"では、ライオンと一緒に森や草原を散歩することも可能だ。また、島の南西部にある不思議な大地「シャマル」は、草木のない大地が赤、赤紫、オレンジ、茶、黄土色…など7色に彩られている、まさに自然の芸術作品。必見だ。「天国のモデル」と言われるのも納得の、インド洋に浮かぶ島へ。

TRIP:43 Mauritius

Travel Information: 43

インド洋の貴婦人
モーリシャス
Mauritius／モーリシャス

MAP:

1. 旅の予算
Budget

16万円～
＜大人1名分の総予算＞

▶現地予算は本書「プラン例」の目安料金
飛行機代、現地送迎、宿泊費(2人部屋利用時の1人分料金)、食事(朝3回)、3日目のツアー代含む、燃油サーチャージ除く

2. 行き方
How to get there

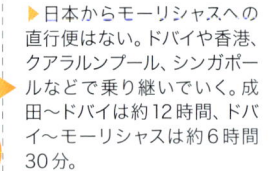

▶日本からモーリシャスへの直行便はない。ドバイや香港、クアラルンプール、シンガポールなどで乗り継いでいく。成田～ドバイは約12時間、ドバイ～モーリシャスは約6時間30分。

3. 旅のシーズン
Best Season

▶一年を通して温暖な気候で、南半球に位置する為、夏が12～4月(雨期)、冬が5～11月(乾期)となる。ベストシーズンは12～2月と言われているが、それ以外の時期も充分楽しめる。リーズナブルになることも魅力だ。

4. この旅のヒント
Hints for the trip

■レストランにもよるが、夕食時はドレスコードがあるところも。お洒落な食事を楽しみたい場合は、男性はジャケットとスラックス、女性はドレスなどを持参しよう。
■宗教に関して敬虔な人が多い。モスクなどの宗教施設の近くでは、敬意を払って肌の露出が多い服装は控えよう。ビーチではもちろん水着で大丈夫だ。

プラン例

1日目	夜	成田発～ドバイへ 【機内泊】
2日目	早朝	ドバイ着
	終日	ドバイ発～モーリシャス着 【モーリシャス泊】
3日目	終日	イル・オ・セルフ 【モーリシャス泊】
4日目	終日	フリー 【モーリシャス泊】
5日目	終日	フリー
	夜	モーリシャス発～ドバイ乗り継ぎ～成田へ
6日目	午後	成田着 【機内泊】

Check:1 グラン・ベ地区　　チェックポイント

島の北部に位置し、早くからリゾートとして開けた町。海沿いに雰囲気のよい雑貨や衣料品、土産物屋などが立ち並んでいる。スーパーもあるのでちょっとした買い物にも便利。たくさんの旅行会社もあり毎日様々なツアーを催行している。

Check:2 イル・オ・セルフ　　チェックポイント

東海岸の沖合に浮かぶ小さい無人島。隣のイル・ド・レストという島と近く、干潟になると白く美しい砂州が現れ、2つの島を結ぶ。ツアーに参加して訪問するのが一般的で、様々なマリンスポーツを楽しむことができる。日中はレストランやカフェもオープンしている。

Check:3 クレオール料理　　食事

インド、ポルトガル、フランス、イギリス、中国などの人々が行き交ってきたため、様々な文化を内包しているモーリシャス。食事も同様で、たくさんの食材が繊細に組み合わさったクレオール料理を食べてみよう。スパイスの入った「ルガイユ」というトマト煮込みが代表的だ。

Check:4 ラム酒　　ショッピング

島内に広がるサトウキビ畑。そのサトウキビだけを使ったラム酒は美味しいと評判。地元の人用もお土産用の綺麗なパッケージのものもある。ラム工場で製造工程の見学や試飲もあるので、ひと味違った観光をしたい人にオススメ。

Check:5 ドバイ　　プラス1日あったら?

長い渡航途中、乗り継ぎ地点であるアラブ首長国連邦のドバイで一休みするのがオススメ。中東の中でも開放的な雰囲気を持ち、高級ホテルも多数。世界一高いビルとして知られるブルジュハリファドバイや、高級ブランド店が軒を連ねる巨大ショッピングモールなど見所満載。

[Five Star Club] ▶ www.fivestar-club.jp

世界中を手配範囲とする旅行会社。多種多様なテーマでのパッケージツアーに加え、オーダーメイドももちろん手配OK。Five Star Clubがプロデュースするこだわりの旅は、とても魅力的。まずは、気軽に相談するところから始めてみよう。

Ecuador
Galapagos Islands

エクアドル「ガラパゴス諸島」

唯一無二の楽園
赤道直下の進化の小宇宙

44

TRIP:44 Ecuador 283

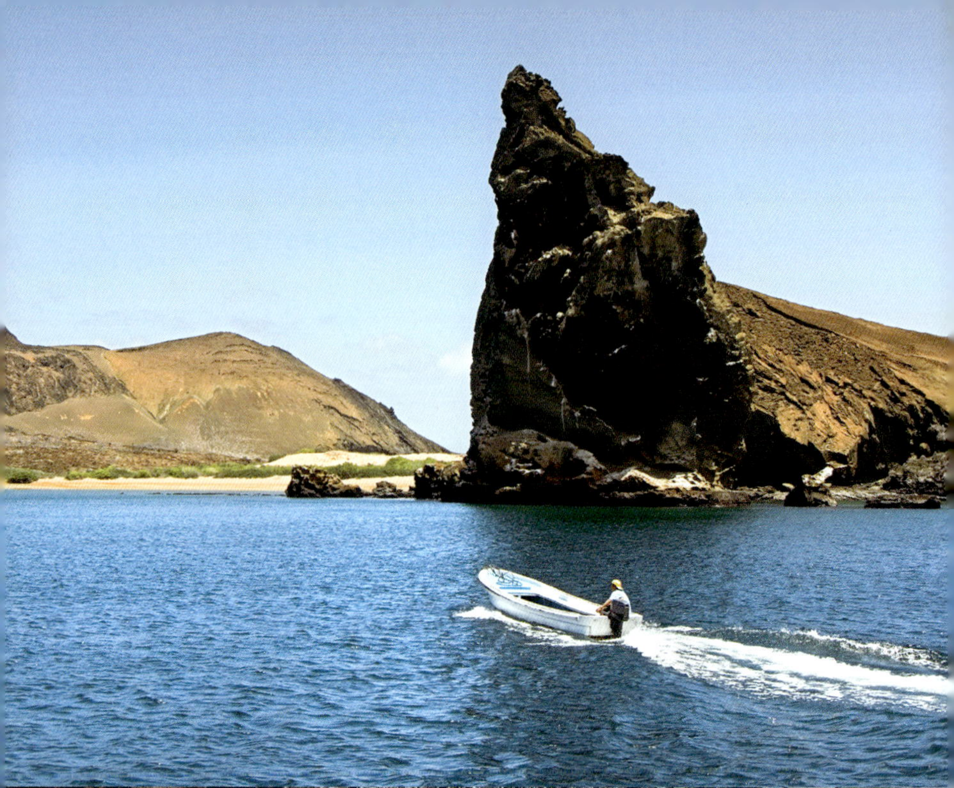

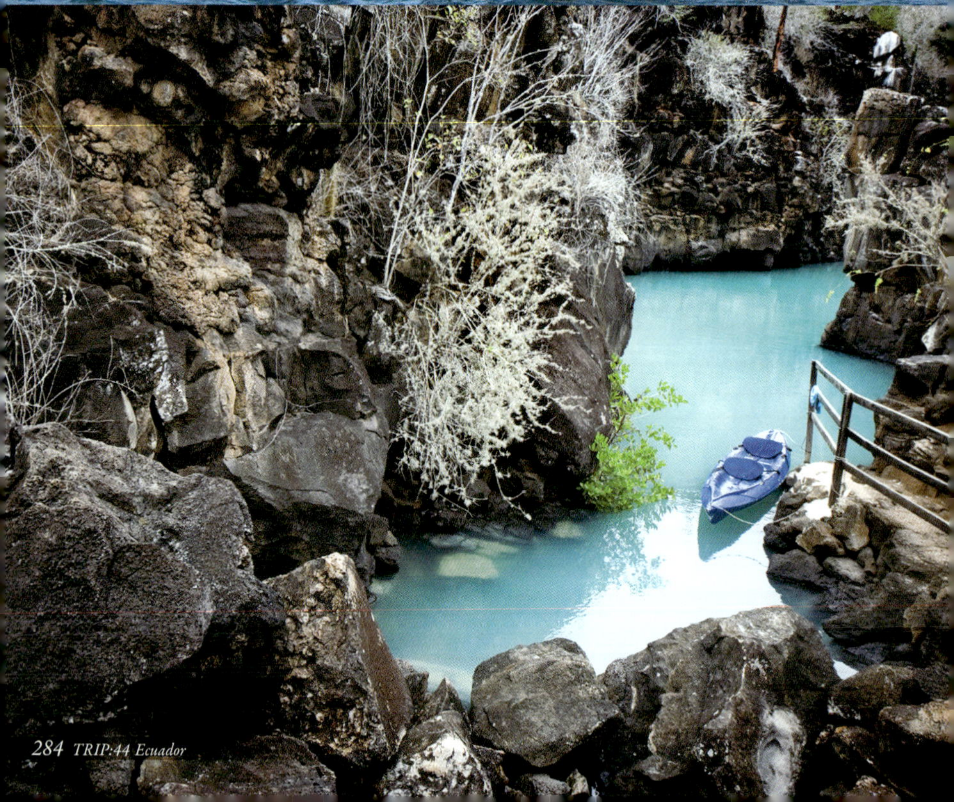

進化の小宇宙
「ガラパゴス諸島」

南米、エクアドルの西の沖合約1,000kmの赤道直下に、主要な19の島を含め大小123もの島が浮かぶ。ガラパゴス諸島と名付けられたその島々は、気が遠くなる程の太古の時代に海底火山の噴火によって創造された。一度も大陸と交わることなく隔絶され続けてきたことから、多くの動植物が独自の進化を遂げ、現在では唯一無二の存在となった。「進化の小宇宙」と呼ばれる由縁だ。そこに住む動物たちは、外敵が存在しない環境で生きてきた為、人間を恐れるということを知らない程に純粋でもある。強烈に目を引く鮮やかな青色の足を持つ鳥「アオアシカツオドリ」や、世界最大のリクガメ「ガラパゴスゾウガメ」、唯一海に潜る能力を身に付けたイグアナ「ウミイグアナ」などをはじめとして、貴重な生物たちを間近で観察することができる"最後の楽園"。世界遺産第一号に登録された、他に類を見ない希有な島は、動物たちの楽園であると同時に、人類にとっても貴重な島であることは間違いない。ありのままの姿で後世に残すべき島は、訪れる者を魅了し続けていく。

Travel Information: 44

進化の小宇宙
ガラパゴス諸島
Ecuador ／エクアドル

MAP:

1 旅の予算
Budget
36万円～
＜大人1名分の総予算＞

▶現地予算は本書「プラン例」の目安料金
飛行機代、現地送迎、宿泊費、食事(朝4回、昼2回)、現地ツアー代含む、燃油サーチャージ除く

2 行き方
How to get there

▶日本からガラパゴス諸島へ向かうには、まずエクアドルの首都キトへ。キトまでの直行便はないので、アトランタなど米国1都市での乗り継ぎが必要となる。また、キトからガラパゴス諸島の玄関口バルトラ島までは、国内線でグアヤキルを経由して行くことが一般的だ。成田～アトランタは約12時間10分、アトランタ～キトは約5時間30分、キト～バルトラ島は約3時間30分。

3 旅のシーズン
Best Season

▶赤道直下に位置し、気温の変化がほとんどない為、一年中訪れる事が可能だ。しかし泳ぎたい場合は、肌寒くなる6～11月よりも水温の高い12～5月がオススメ。

4 この旅のヒント
Hints for the trip

■島毎に魅力の異なるガラパゴス諸島。島々を訪れる方法は大きく分けて2種類ある。ひとつは客船で周遊しながら巡るもの、もうひとつは島のホテルに滞在しながら島を巡るものだ。クルーズの方が効率的に多くの島を巡ることが出来るが、費用は高くなる。一方でホテルに滞在しながら巡るものは島数は少なくなるが費用を抑えることが可能だ。プラン例ではリーズナブルに行けるホテル滞在型のスタイルで紹介している。日数と予算次第だが、可能であればできる限り長く滞在して、様々な島を訪れたい。

プラン例

1日目	終日	成田発〜米国1都市乗り継ぎ〜キト着 【キト泊】
2日目	終日	キト観光 【キト泊】
3日目	午前	キト発〜グアヤキル経由〜バルトラ島着
	午後	ボートにてサンタクルス島へ 【サンタクルス島泊】
4日目	午前	ノースセイモア島 【サンタクルス島泊】
	午後	サンタクルス島（バチャスビーチ）
5日目	午前	バルトロメ島 【サンタクルス島泊】
	午後	サンタクルス島
6日目	午前	チャールズ・ダーウィン研究所、ボートにてバルトラ島へ、バルトラ島発〜キト着
	午後	キト観光（キト中央銀行博物館、マーケットなど）
	深夜	キト発〜米国1都市乗り継ぎ〜成田へ 【機内泊】
7日目	終日	機上 【機内泊】
8日目	夜	成田着

Check:1 キト　　チェックポイント
ガラパゴスへ行く際の乗り継ぎ地となるエクアドルの首都。世界遺産に登録された旧市街がある。スペイン植民地時代の面影を色濃く残すコロニアル風の建物群が美しい。南米とヨーロッパが融合した街並みを歩こう。

Check:2 サンタクルス島　　チェックポイント
ガラパゴス諸島で最大の街「プエルト・アヨラ」を抱く島。高地へ足を運ぶと野生のゾウガメとの遭遇も期待できる。また、島の北側には「バチャスビーチ」がありシュノーケリングすることができる。ここでは「ウミイグアナ」や海中の熱帯魚を見ることが可能だ。

Check:3 ノースセイモア島　　チェックポイント
サンタクルス島からボートに乗って約1時間で行ける島。赤いのど袋が特徴的な「オオグンカンドリ/アメリカグンカンドリ」や青い足が特徴的な「アオアシカツオドリ」の営巣地として知られ、他にもイグアナやアシカなどにも出逢うことができる。

Check:4 バルトロメ島　　チェックポイント
こちらはサンタクルス島からボートで約2時間。海底火山の噴火によってできたガラパゴス諸島を象徴する荒々しい小さな島だ。ガラパゴスペンギンや、ウミイグアナなどを見ることができ、シュノーケリングも楽しめる。

Check:5 チャールズ・ダーウィン研究所　　チェックポイント
個体数が激減していたゾウガメを始め、多くの動物を保護する中心的施設「チャールズ・ダーウィン研究所」。港から徒歩約30分で訪れることが可能。成人のゾウガメに加え、小さくて可愛い子どものゾウガメやリクイグアナなどを観察できる。

旅の相談と手配先は？ Arranging the trip

[ism] ▶ shogai-kando.com

北米、南米、オーストラリアなど多くの地域をカバーしている旅行会社ism。パッケージ旅行はもちろん、オーダーメイドにも対応している。一生に一度の感動の旅をプロデュースしてくれる頼れる存在。まずは気軽に問い合わせてみよう。

Kiribati
Christmas Island

キリバス「クリスマス島」

赤道直下の秘境
珊瑚礁でできた美しき島

290 *TRIP:45 Kiribati*

釣りとダイビングの聖地
「クリスマス島」

南北に800km、東西には3,200kmにも及ぶ広大な経済水域を有する国、キリバス。その東部、ハワイの南、約2,000kmの赤道直下に浮かぶのがクリスマス島だ。18世紀の海洋探検家「キャプテンクック」がクリスマスイブに"発見"したことから、その名が付けられたと言われている。

クリスマス島は、間近に日付変更線があることから、地球上で最も早く新しい1日が始まる島としても知られているが、魅力はそれだけではない。この島は珊瑚礁でできていて、ダイビングやシュノーケルでは、色彩豊かな珊瑚と熱帯魚を随所で見られ、野生のイルカやマンタと泳ぐチャンスもある。さらに、高い透明度の海だからこそ可能になる、魚影を目で捉えながらのサイトフィッシングでは、初心者でも簡単に釣りを楽しむことができるのだ。

釣りとダイビングの聖地とも言われるクリスマス島は、温暖な気候に加え、島を囲むどこまでも青い空と海、そして手つかずの自然が残る美しい島。この島に訪れれば、何十年、何百年先の後世に残したい気持ちが必ず生まれるだろう。

Travel Information: 45

釣りとダイビングの聖地
クリスマス島
Kiribati ／キリバス

MAP:

旅の予算
Budget
42万円〜
＜大人1名分の総予算＞

1

▶現地予算は本書「プラン例」の目安料金
飛行機代、現地送迎、宿泊費（2人部屋利用時の1人分料金）、滞在中の全食事、滞在中のダイビングツアー又はボートツアー含む、燃油サーチャージ除く

行き方
How to get there

2

▶日本からキリバスまでの直行便はない。ハワイのホノルル又はフィジーのナンディを乗り継ぐ必要がある。しかしどちらも週1便しかないので、必然的にクリスマス島には1週間滞在することになる。成田〜ホノルルは約7時間、ホノルル〜クリスマス島は約3時間。

旅のシーズン
Best Season

3

▶一年を通して30℃前後と温暖な気候。常に貿易風が吹いていて、気温が上がっても比較的過ごしやすい。雨期は11〜4月で、それ以外は乾期となる。

この旅のヒント
Hints for the trip

4

▶飛行機のスケジュールが週1便の為、長期滞在となる。ゆったりとした島時間に身を委ねながら、のんびりと楽しもう。

プラン例

1日目	夜	成田発～ホノルルへ
	朝	ホノルル着
	午後	ホノルル発～クリスマス島へ【機内泊】
2日目	午後	クリスマス島着【クリスマス島泊】
3日目	終日	フリー【クリスマス島泊】
～	～	
8日目	終日	フリー【クリスマス島泊】
9日目	終日	クリスマス島～ホノルル乗り継ぎ～羽田着

Check:1　ロンドン村　　チェックポイント

幾つかの国に統治された歴史があるクリスマス島は、ロンドン、テネシー、ポーランド、パリなど地名に特徴が現れている。港のある島の中心地「ロンドン村」には小さなカフェや商店が数店ある程度。素朴な雰囲気が魅力の町だ。

Check:2　バードウォッチング　　チェックポイント

クリスマス島には4カ所の野鳥保護区が定められている。海鳥の生息地として世界的にも有名だ。キリバスの国鳥グンカンドリやカツオドリなど600万羽を超える鳥が生息している。鳥の楽園とも言える、世界的にも貴重な場所なのだ。

Check:3　クリスマス島の塩　　チェックポイント

北極と南極の双方から流れてきた深層海流がぶつかるのがクリスマス島の海。何千年も空気に触れることのなかった海水を、100％太陽と風の力で日干しにして作られる天然塩は、ミネラルたっぷり。作られている現場を見れば、日本で購入したくなること間違いなしだろう。

Check:4　海鮮料理　　食事

ホテルでは洋食や中華料理、刺身、肉料理も食すことができるが、自分で釣り上げた大物を味わうことも。キハダマグロやミルクフィッシュ、タコや大型のシャコ、伊勢エビなど豊かな海の幸に舌鼓を打とう。

Check:5　オアフ島　　プラス1日あったら？

ショッピングも観光も気軽に楽しむことが出来る島。一時代を風靡した「この木なんの木気になる木」の木も、ここオアフ島のモアナルア・ガーデンで見ることができる。中心の街ワイキキでは、ほとんどの所で日本語が通じるので、特に快適に散策を楽しめる。

[PNGジャパン] ▶ **kiritimati.travelworkshop.jp**

情報の少ないクリスマス島に精通する数少ない頼れる旅行会社。手配はもちろん、相談も気軽にできるので、とても頼りになる存在だ。クリスマス島以外にもパプアニューギニアなどを得意としている。まずは見積もりから、気軽に連絡してみよう。

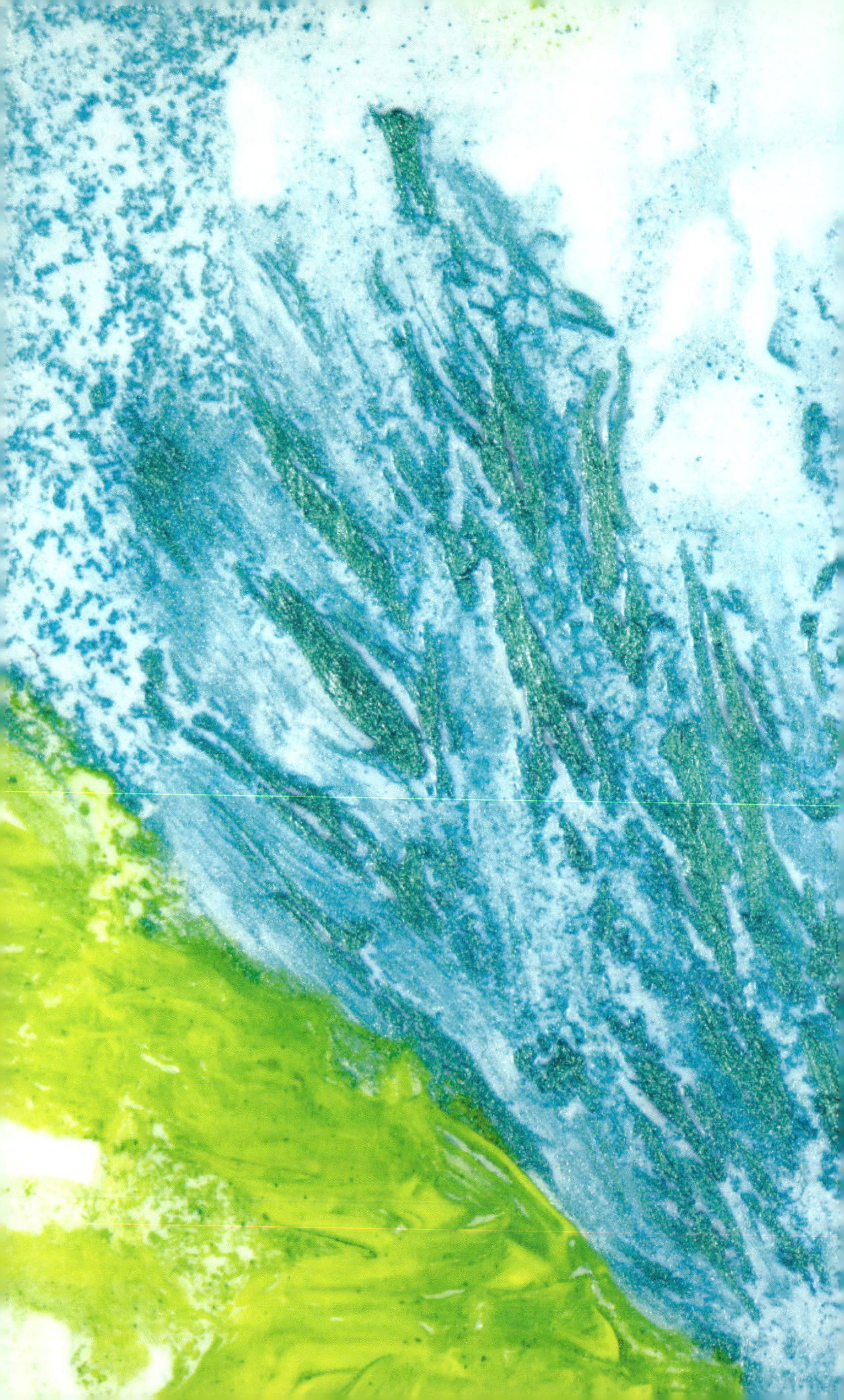

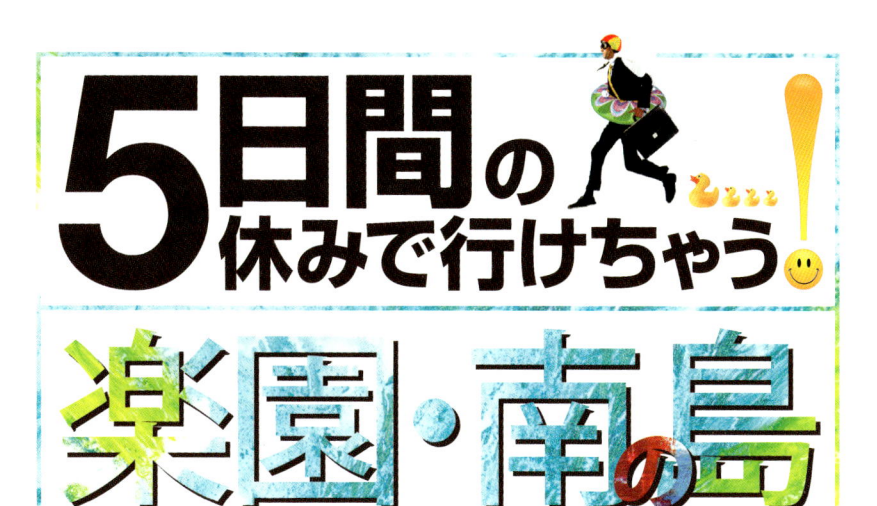

5日間の休みで行けちゃう！
楽園・南の島への旅

5 DAYS PARADISE TRIP GUIDE
PRESENTED BY A-WORKS

「5日間の休みで行けちゃう! 楽園・南の島への旅」
素敵な旅作りの為のヒント集
5 DAYS PARADISE TRIP GUIDE

HINT 旅行会社と相談する上で欠かせないポイント！

旅先や時期が決まったら、いよいよ旅行会社に相談だ。本書で紹介した旅を、問い合わせ先として記載した旅行会社に依頼したり、様々な旅行会社が募集している「パッケージツアー」への申込をしたりするのであれば、もちろん話は早い。しかし、どちらも"旅を構成するすべての条件が希望通り"ということが前提となる。では、希望条件が大なり小なり合わない場合はどうすればいいのだろうか？ そんなときは、パッケージをちょっと変更する「セミオーダーメイド」や、1から旅を作る「完全オーダーメイド」で希望の旅に変えてしまおう！ もちろんこだわる部分によっては金額が上がる場合もあるが、そんなに追加費用をかけなくても、希望の旅を作ることが可能だ。まずは旅行会社にイメージできる限りの要望を伝えて、見積もりをもらうところから。それが予算以下であれば何かをグレードアップしてもいいし、予算以上であれば何かを削るなどの検討を。

海外旅行が初めての人でも、旅慣れた人でも。旅を作る上でかかせないチェック事項を紹介するので、ぜひとも参考にしてほしい。YES が多いほど、旅行会社との相談はスムーズに進むが、もちろん少なくてもOK。せっかく時間を割いてお金を使うのだから、希望を詰め込んだ自分だけの旅を作ろう。

☐ 人数は決まっていますか？

YES ▶ ホテルや飛行機など、様々な部分の手配を始めよう。

NO ▶ まずは人数を決めることから。もちろん後から追加したり減らしたりすることも可能だが、人数が確定している方が、より正確に旅の見積もりをとることができる。また、小児や幼児も一緒の場合、飛行機やホテルの料金も大幅に変わることがほとんど。航空会社やホテルによっても条件が異なるので、子どもと一緒の場合はあらかじめ伝えておこう。

☐ 日数は決まっていますか？

YES ▶ 5日間で固まっていれば、旅行会社とのやりとりを始めよう。

NO ▶ 本書では5日間の旅を提案したけど、もっと日数が取れる場合は、ゆっくりする時間を取れたり、他の場所へも行くことができるようになる。逆に近場であれば、5日と言わず4日で行けるところもあるので、そこで「何を見たいか？」「何を体験したいか？」を考えながら必要日数を計算してみよう。

☐ ホテルの希望はありますか？

YES ▶ 希望が決まっているのであれば、後は金額を確認するだけ。

NO ▶ 希望を決めるにあたり、金額やロケーション、ホテルや客室からの眺め[1]、バスタブの有無（シャワーのみというホテルも多い）、部屋のタイプ（1人部屋や2人部屋、コネクティングルーム[2]やツーベッドルーム[3]など）、日本語対応可能なスタッフの有無など確認すべきことが多い。まずは、こだわりたい要素を決めて、旅行会社にオススメを聞くのが得策。

[1] 海に面したホテルでは、一般的に海側にある客室の方が金額は高くなる。「ホテルは夜寝るだけ」というスケジュールであれば、海側じゃない客室にした方が料金を抑えられることも。 [2] 隣合う部屋に専用のドアがあるもの。簡単に行き来できるのが特徴。 [3] 1つの客室の中にベッドルームが2つあるもの。リビングがついているものが多く、家族団欒しやすいのが特徴。

☐ ガイドを付けるかどうか決まっていますか？

YES ▶ 空港到着時やホテルチェックイン時、観光時など、どの部分に付けるかも決めておこう。また、英語ガイドなのか日本語ガイドなのかも確認を忘れずに。

NO ▶ ガイドを付けた方がもちろん安心感は高まる。一方、同行区間が多くなればなるほど金額も上がっていく。また同様に英語よりも日本語ガイドの方が料金は高くなることがほとんど。でも、できることなら言語の心配なく行きたいところ。必要な区間、不要な区間の見極めは、旅行会社と相談して決めるのがベストだろう。

☐ 送迎を付けるかどうか決まっていますか？

YES ▶ 空港からホテルへ、ホテルから観光地へなど、どの部分に送迎を付けるかも決めておこう。また、英語又は現地語ドライバーなのか日本語ドライバーなのかも確認を忘れずに。

NO ▶ 現地での移動手段は、タクシーや電車、バスなども考えられるが、一番安心できるのは、旅行会社に手配を依頼する専用の送迎車。基本的にドライバーの言語は、現地語や英語がほとんど。日本語が話せるドライバーを手配できたとしても、高額になる場合が多いので、ガイド付きの場合は不要だろう。また、短い距離であればタクシーもオススメ。その場合は流しのタクシーよりも、ホテルで呼んでもらう方が安心だ。簡単にタクシーを呼べる場所であれば、タクシーの方がリーズナブルになるので、手配が必要な区間、不要な区間を旅行会社と相談して見極めよう。

☐ 希望の飛行機の便はありますか？

YES ▶ 希望が決まっているのであれば、後は金額を確認するだけ。

NO ▶ 1日1便であれば選択の余地はないが、朝から夜まで複数あるものは、飛行機の発着時間帯も気にしたいところ。現地到着時間によっては、1日、半日が無駄になってしまうことも。一方で、効率的に行くことができる便ほど金額は上がっていくのが一般的。しかしながら、ほんの数千円だけで、現地滞在時間が大幅に変わり、満足度が変わる場合も。複数の便の見積もりを出してもらい、ベストのものを選ぼう。

☐ 絶対に外せない、現地でのこだわり条件はありますか？

YES ▶ こだわりの条件を中心として、その他の部分を固めていこう。

NO ▶ 「ここだけは絶対に行きたい！」「そこには3時間滞在したい！」というものがあれば、それを中心に移動時間などを考え、他の部分が固まっていく。もちろんなくても問題ないが、こだわりを満たす為に削らなければならないものも出てくるので、旅行会社と相談する際には最初に伝えておこう。

☐ 絶対に食べたい食事はありますか？

YES ▶ 同じ料理でもレストランによって、評判がマチマチなことも。レストランが決まっていなければ、旅行会社にオススメを聞くのも得策だ。

NO ▶ せっかく旅に行くのであれば、そこの名物料理もぜひ堪能しよう。旅行会社にオススメの料理やレストランなどを聞いてみれば、いろいろ教えてくれるだろう。もちろん、全てを高級レストランにする必要はない。繁華街を歩き、ローカルなレストランに入ってみるのも面白い。地元の人が多く集まっている所ほど、おいしい可能性は大だ。また、メニューが読めない場合は他の人が食べているものと同じものをオーダーするという方法もアリだろう。

HINT 旅をリーズナブルにするヒント！

高い費用を支払えば、いくらでも快適にできる。飛行機だって、ビジネスクラスやファーストクラスにすれば、格段に快適な旅ができるというもの。しかし、無駄に高くなっても意味がないので、本当に必要な"快適さ"かどうかは、よく検討した方がいい。本当にかけるべき部分とそうでない部分を見極めるには、以下のポイントを抑えておこう。

☐ 航空券

予定が明確に決まっているのであれば、予約が早ければ早いほど安くなる。また、直行便を乗り継ぎ便にしたり、キャンセル条件が厳しいものにしたりすることなどでも安くなる。また、格安航空会社を利用するのも手だ。しかし、安さを追求するあまり満足できない旅程に…ということもあるので、希望の便と金額のバランスに気をつけよう。

☐ ホテル

星の数や、ホテル・客室からの眺めや、ロケーション、設備、接客…様々な要素が良ければ良いほど金額が上がるのが常識。まずは全ての希望を満たすようなホテルを選び、その値段が高いと感じれば、少しずつ条件を落としていこう。特に寝るだけで充分という場合は、3つ星クラスでも充分に満足できるものも多くある。

☐ 食事

やはり現地の大衆食堂が一番安い。しかも、地元の人々が集まるような所では、外れも少なく、驚くほど美味しいものに出逢えることも。たまには高級レストランも楽しみたいけど、極力ローカルな所をセレクトすることを心がけるとリーズナブルになる。また、ホテルの食事は近くて便利だけど、割高な所がほとんど。今日は疲れたので外に行くのはちょっと面倒…というような時に利用するのがいいだろう。

☐ ガイド、送迎車…

ガイドも送迎車も、付ければ付けるほど金額は上がる。特に先進諸国では驚くような金額になることも。しかし物価の安い国では意外と安いことも事実。国の物価にもよるが、自分達で行ける自信がある所なら、ガイドも送迎もカットすれば、リーズナブルにできる。自分達で行ける&楽しめるかどうかの判断は、旅行会社に相談してみよう。

HINT 楽園・南の島の更なる別世界を目指して。スキューバダイビングのススメ。

楽園・南の島に共通して存在するのが美しい海！陸上や船上から眺めたり、波打ち際で海水浴を楽しんだり、マリンアクティビティを満喫したり、シュノーケリングで水中世界を覗いてみたり…楽しみ方は尽きない。それだけでも十分に海を堪能できるが、海深くまで潜ることができれば、更に満足度が高まるだろう。水中で呼吸をしながら自由に泳ぎ、海中深くまで潜っていけるスキューバダイビング。自分の呼吸音だけが聞こえる静かな水中世界に、輝かしい太陽の光が差し込み、美しい魚たちが周りを囲む…そこはまさに別世界だ。陸上では味わうことができない圧倒的な解放感を感じるだろう。もちろん体験ダイビングで少し覗き見ることはできるが、その世界をどっぷり味わうためには、ダイビングスキルを証明するCカード（Certification Card＝認定証）が必要となる。事前講習や費用が必要となるが、一度取得すれば世界中の海を潜れるようになるので、旅が何倍も楽しくなること間違いなしだ。数日、数万円あれば取得可能なので、出発する前に、ダイビング免許取得することも考えてみては？Cカードを発行している教育機関の最大手は、下記で紹介するPADI（パディ）。日本でも海外でもスクールを開いているところがあるのでチェックしてみよう。

● Cカード協議会　www.c-card.org
● PADI　www.padi.co.jp

HINT 想い出を形に！

旅は、人生に特別な時間をもたらしてくれるもの。その"特別な時間"は、目に焼き付き、心に在り続ける。そんな想い出をいつでも蘇らせてくれるもの…それが写真だろう。写真が残ることによって、帰国後も楽しめ、一生残る宝にもなる。現地の風景から何気ないふとした瞬間、記念撮影まで…どんな瞬間も美しく残したいもの。ここでは、カメラの種類や、形として残す方法を紹介。旅立つ前に"撮影した写真"を帰国後どうするかイメージしてみよう。

□ カメラの種類

フィルムカメラと異なり、枚数を気にせず気軽に撮れるデジタルカメラ。その場で撮ったものをすぐに見ることができるので、とても便利だ。カメラによって撮影スタイルも変わってくる。またカメラの重量も旅を楽しむための重要チェックポイントだ。自分の旅のスタイルに合ったカメラを選ぼう。

1. コンパクトカメラ　値段：1〜6万円前後
ポケットに入るほど小さく、移動にはとても便利。100g台という驚きの軽さながら、写真＆動画が撮れ、液晶モニターもキレイ。フラッシュ、セルフタイマーも付いているから夜の記念撮影までカバーできる。広角撮影が苦手なのと、ボケを活かす撮影が難しいのが難点。

2. ミラーレス一眼カメラ　値段：5〜15万円前後
軽いのにクオリティの高い写真が撮れるカメラ。コンパクトカメラと一眼レフカメラの中間で、いいとこ取りのカメラだ。マクロから望遠まで、レンズを交換することもでき、一眼レフの写真までとはいかないものの、こだわりの写真を撮影できる。軽量化が進み、持ち運びにも便利だ。

3. 一眼レフカメラ　値段：7〜100万円前後
圧倒的なクオリティの写真を撮ったり、カメラという機械の操作を楽しみたければ、やっぱり一眼レフ。重量もあり、操作も覚えることが多少あるが、旅で最高の写真を撮りたいなら苦にならない。カメラを保護するカメラバッグや、交換レンズなど多少かさばるのが難点。

□ おすすめ記録方法

旅先で写真を撮ったら、次は形に。写真集にしたり、スライドショーにしたりと方法は様々。あらかじめどのような形にしたいかイメージしておくと、旅先で撮る写真も変わってくるかも。下記にいくつかサイト紹介をするので、ぜひ参考にしてほしい。写真の楽しみ方は日進月歩を続けている。最新情報はインターネットや電気屋さんで入手しよう。

1. 写真集にするには？
- マイブック　http://www.mybook.co.jp/
- 富士フィルム　http://fujiphoto.co.jp/

2. インターネット上にあげて、家族と共有するには？
- picasa（Googleアカウント取得が必要）　https://picasaweb.google.com/home
- LUMIX CLUB　http://lumixclub.panasonic.net/jpn/

3. プリントしてアルバムにするには？
- しまうまプリント　http://n-pri.jp/
- ネットプリントジャパン　https://netprint.co.jp/

※ネットで注文すれば格安になることが多い。

□ 撮影時はここに注意を

- カメラは高価なもの。旅中に盗難にあう可能性もあるので、外出時は肌身離さず、注意しよう。
- 誰だって急に撮影されるとあまり気分はいいものではない。人を撮影する際は、必ず事前に一言確認しよう。現地の言葉ができなくても、仕草などで確認を。
- 国によっては、撮影した後お金を請求される場合も。あらかじめ確認の上、撮影しよう。
- 軍事施設はもちろん、空港や駅、美術館、教会など撮影不可な場所がある。罰金やカメラの没収もあり得るので、撮影禁止サインに気をつけよう。
- 旅に行くと予想よりも多く撮ってしまうもの。メモリーカードは、余分に持って行こう。

編集後記

『5日間の休みで行けちゃう！楽園・南の島への旅』を、最後までご覧いただき、ありがとうございました。

前作『5日間の休みで行けちゃう！絶景・秘境への旅』に続く、"5日間"シリーズ第二弾となる本書の企画が誕生したのは、とても寒い冬の日のことでした。
古い物件を改装したA-Worksの事務所は、いたる所から冷気が入り込み、ある者は靴下を2重に履き、ある者はダウンを着用しながら、そしてある者は湯たんぽを抱えながら、パソコンに向かっている時のこと。突然、ひとりが言葉を発しました。
「寒—い！ 南の島に行きたーい！」と。

その一言に共鳴するかのように、一同が「私も〜」「俺も〜」と賛同の声を上げた時、まさに本書が動き始めたのです。
「確かに、南の島には多くの人が憧れているけど、『どこに行こうかな？』って考えても、ハワイ、グアム、サイパン、タイ、沖縄…あたりしか思い浮かばないんじゃないかな？だったら世界中の、それも5日間で行けちゃう素敵な島や楽園を紹介するガイドを創るのはどうだろう？」——。

そんなきっかけで始動した楽園・南の島企画。すぐさま、編集部員たち自身の経験からコンテンツ案を挙げたり、様々な旅人や旅行会社にヒアリングしたりしながら、情報集めに奔走した。
すると、想像以上に魅力的な旅先が溢れて、取捨選択するのに困ってしまうという事態に。そこから有名無名問わず、本当に行きたいと思える&5日間で行けちゃう素敵なものだけを厳選したのが本書です。一言で「楽園・南の島」と言っても、バラエティーに富んだ旅先を選ぶことができる、ツカえるガイドブックになったのではないかと思っています。

本書を通じて読者の皆様に、旅先の選択肢を多く知って頂くと共に、お気に入りの"楽園"を見つけて頂ければ幸いです。

ちなみに、「日数的に5日間では不可能だけど、紹介しないわけにはいかない！」という楽園・南の島も「＋α」として紹介させていただきました。こちらもあわせて楽しんで頂ければと思います。

老若男女を虜にする、解放感溢れるパラダイスへ。
5日間の休みで、夢にまで見た素晴らしい世界にひとつでも多く出逢えることを祈っています。

Have a nice paradise trip！

A-Works 編集部

協力一覧（敬称略、順不同）

構成協力、写真提供：

アクアスタイルズ、エス・ティー・ワールド、サンホリデー、日中平和観光、パプアニューギニア政府観光局、バリ島・日本人観光センター Bali Becik、ビッグ楽園ハワイ、マゼランリゾーツアンドトラスト株式会社、ヨーロッパトラベル、Five Star Club、H.I.S.、ism、Maikai Ohana Tours、PLAY THE EARTH、PNGジャパン

写真提供：

宮地岩根、中村卓哉、バーデハウス久米島、LOOB

■ iStockphoto: ©iStockphoto.com/Johnwoodcock, LoopAll, ViewofAmelie, fstop123, robyvannucci, Qweek, richliy, LiuNian, EXTREME-PHOTOGRAPHER, artlensfoto, sergwsq, gh19, macky_ch, Hydromet, Welsing, holgs, thanapun, NinaMalyna, Terraxplorer, Pil-Art, lucafabbian, matteo_parma, seraficus, chrischei, spooh, lucamoi, vale_t, Vaara, BremecR, EduardoLuzzatti, carolo7, isitsharp, NaluPhoto, dsabo, subman, Innershadows, peeterv, Ampen, PEDRE, tupungato, satoagg, MichaelStubblefield, Pixelshredder, shurub, zedsoft, CraigRJD, GoodOlga, tbradford, robyvannucci, mvaligursky, plrphoto, christinealexander, potowizard, 9comeback, waiheng, richcarey, vuk8691, cotesebastien, raclro, MichaelMajor, Maxian, IakovKalinin, TPopova, PeskyMonkey, rjycnfynby, vitalytitov, gionnixxx, andersen_oystein, Franky_Pictures, tropicalpixsingapore, sansara, afby71, narvikk, ManikChauhan, prill, fallbrook, frytka, Mlenny, Maxian, 2happy, aristotoo, cotesebastien, marcviln, Tammy616, Halstenbach, Hanis, sabanuluca, mlane, tororo, M-Kurosuke, runin, gkordus, derausdo, eishier, scris, clodio, marmo81, nastya81, nextyle, elisalocci, drflet, Saro17, ronen, rchphoto, glowform, rusm, catchlights_sg, kjorgen, kertlis, Juanmonino, LUNAMARINA, sassphotos, ericschmiedl, SpotX, PeJo29, LauriPatterson, Tarzan9280, simongurney, adametrnal, DarleneSanguenza, Zakidesign, vitalytitov, simongurney, h3ct02, simongurney, JuniperCreek, SPrada, Andrew211, MCCAIG, JohnThiessen, Stassines, shalamov, NNehring, Villamilk, Kenishirotie, ayshaa68, Konstik, propagandamlm, msymons, dblight, Evgenia76, MaslennikovUppsala, winhorse, dblight, Nikada, rjycnfynby, Nikada, Cebolla4, DrRave, Lingbeek, JodiJacobson, grigphoto, Sakkawokkie, HQPhotos, StephanHoerold, AngelsGate, EvaKaufman, rhyman007, Rpsycho, RASimon, joji, BenGoode, oversnap, patrickoberem, mvaligursky, Freder, Topher_McGrillis_Photography, fbxx, Photoimagesnz, Mlenny, oariff, ronen, HHakim, FMNG, kiankhoon, davidevison, andy_lim, rogerpoon, rusm, netfalls, TadejZupancic, ola_p, ultramarinfoto, AleksandarGeorgiev, dimitris_k, gkordus, PanosKarapanagiotis, dimitris_k, Demid, Creativemarc, Tammy616, RWBrooks, tororo, shalamov, tropicalpixsingapore, shalamov, vuk8691, holgs, 1001nights, vitalytitov, powerofforever, cpetrou, slobo, satori13, HadelProductions, dsischo, Spondylolithesis, schutzphoto, pigphoto, elisalocci, ManuelVelasco, fullempty, 4FR, boryak, TPopova, alxpin, Fingerszz, TPopova, Wolfgang_Steiner, uwphoto, IakovKalinin, g-miner, Nadezhda1906, Ratstuben, edwardmallia, MichaelUtech, atese, semet, Casarsa, cenix, seewhatmitchsee, tobiasjo, kparis, Mlenny, majaiva, manwolste, apomares, fallbrook, creatives, aor, Sarah8000, ShaneGross, tomalu, Vzion66, Tammy616, kongxinzhu, tbradford, pzAxe, pichaiyo, AleksandarGeorgiev, R9_RoNaLdO, Csondy, FredFroese, solopiero, scarlett070, intst, -art-siberia-, tiggerlily, tommito, IgorKirillov, Tarzan9280, hanhanpeggy, loonger, craftvision, tunart, BeyondImages, samvaltenbergs, WTolenaars, Logorilla, jovannig, ekash, mihtiander, chriscotto, joakimbkk, InnaFelker, RWM-MEDIA, joxxxxjo, Arand, robynmac, nevereverro, LP7, sansara, romarko, h3ct02, k10, idizimage, h3ct02, nadrex, AND-ONE, byronwmoore, THEPALMER, dallstar, pawel.gaul, nito100, Hotrod7, CelsoDiniz, wellesenterprises, Veni, FotoMak, Mlenny, atanas_bozhikov, twistedarm, oversnap, DNY59, HappyToBeHomeless, Hanis, powerofforever, andyKRAKOVSKI, roccomontoya, Grafissimo, drmarkg, Sapsiwai, Nadezhda1906, xavierarnau, robertmandel, xavierarnau, leksele, shalamov, domino, robertmandel, stockcam, shearman, waggers33, markvanovermeire, ferdinandas, naes, PeskyMonkey, parfyonov, peeterv, narvikk, Lokibaho, vilainecrevette, cotesebastien, spooh, apomares, Bolot, IakovKalinin, yanta, apomares, LordRunar, Frogkick, Mlenny, stevenallan, ersler, skynesher, hypergurl, MrPlumo, Pichunter, MmeEmil, Aguru, apomares, peeterv, MariaPavlova, peeterv, Tammy9443, Aguru, MmeEmil, peeterv, lrescigno, georgeclerk, 5au6aer, Ridgeline, kazsano, bphillips, jhorrocks, milanklusacek, tropicalpixsingapore, mvaligursky, skynesher, Frogkick, NiseriN, LUNAMARINA, Cigale, cliffwass, Bluberries, MiguelAngeloSilva, mcrisari, cliffwass, Frogkick, antb, martellostudio, EW_photo, adlifemarketing, gkordus, FotografiaBasica, WorachatSodsri, ezoom, MasterLu, Mike-76NYSV, MichaelUtech, tobiasjo, SimonCigoj, sborisov, Vladone, blowbackphoto, cristianl, helovi, burdem, starfish123, 35007, FredFroese, Maudib, DanielThorpe, ekash, isaxar, coopermoisse, JessicaFMoore, ezoom, mihau, marcusbrown, aleksandarvelasevic, cdascher

■ dreamstime: ©Mykira, Rui Matos, Pavel Losevsky, Subbotina, Sophiejames, Artiomp, Polina Pomortseva, Adisa, Jonkio4, Olga Khoroshunova, Rrab1972, Sakit Leung, Zhuang Hua, Grandboat, Lifang1025, Jordanca, Naluphoto, Lunamarina, Vilainecrevette, Lunamarina, Subbotina, Byron Moore, Celso Diniz, Michael Ludwig, Enrique Gomez, Ldwoods, Atanasbozhikov, Achim Baqué, Martin Valigursky, Atanasbozhikov, Tero Hakala, Dream69, Chee-onn Leong, Lester69, Jason Bennée, Lilyling1982, Chee-onn Leong, Leonidfeng, Ang Wee Heng John, Joanne Zh, Her Meng Lee, Jeffrey Ong, Petr Švec, Oceanlau, Gioppi, Lidian Neeleman, Salvador Manaois Iii, Worldfoto, Mark Ward, Jjspring, Jerzy Opoka, Steve Allen, Jerzy Opoka, Steve Allen, Yakyak, Jerzy Opoka, Steve Allen, Jerzy Opoka

■PIXTA: ©Aoi, petr_malyshev, moco, ribonn, ファイン, frogmania4, JayTurbo, Bebe, haveseen, uraku, パームツリー、ジロー、ベルル、空, iwamatsu35, wild, RubyT, 雷山, anakinz, masa, ordinary world, まっこう, Akira.t, オクケン, IZO, にこまる, NAOYA, tropicalisland, Ninoth, ALPACA, node, カスパ, Subbotina, California Sun, yukihiro, ふらスタ, takafd3, BlueGray, 美ら島物語, KRSONE, siro46, みぃ, Neo, yamoyamo, shin, HISASHI, noa195, KAKIPHOTO, KOJI, ぴわっこ, オクケン, asante, JIRI, しろくま, anemonefish, anakinz, タケ, ao, HSAgencia, はらだま, 旅人

■Getty Images: ©Holger Leue/Getty Images, ©Geoff Tompkinson/Getty Images

本書は制作時（2013年）のデータをもとに作られています。掲載した情報は現地の状況などに伴い変化することもありますので、ご注意ください。また、写真はあくまでもイメージです。必ずしも同じ光景が見られるとは限りません。あらかじめお知りおきください。

最後に、あらためて言うまでもありませんが、旅はあくまで自己責任です。本書で描いている旅の見解や解釈については、個人的な体験を基に書かれていますので、すべてご自身の責任でご判断のうえ、旅を楽しんでください。万が一、本書を利用して旅をし、何か問題や不都合などが生じた場合も、弊社では責任を負いかねますので、ご了承ください。

では、また世界のどこかで逢いましょう。
Have a Peace Trip !

2013年9月21日　株式会社 A-Works 編集部

地球は僕らの遊び場だ。
さぁ、どこで遊ぼうか？

自分の心に眠る、ワクワクセンサーに従って、ガンガン世界へ飛び出そう。
旅をすればするほど、出逢いは広がり、人生の視野は広がっていく。
あなたの人生を変えてしまうかもしれない、大冒険へ。
Have a Nice Trip!

自由人・高橋歩プロデュース！
最強 旅ガイドシリーズ！

行き先を決めてから読む旅ガイドではなく、
行き先を決めるために、ワクワクセンサーを全開にする旅ガイド！

- 企業広告に縛られることなく自分たちの感性で自由に創るインディペンデント旅ガイド。
- 自由人・高橋歩をはじめとする、様々な旅人、旅のプロ、現地ガイドたちのナマ情報を集め、旅の予算から手配方法まで、丁寧に説明したガイド付き。
- 旅の準備にツカえる割引テクニック満載の情報ノートも充実！
- フルカラー、写真満載の豪華版。見ているだけでも楽しくなっちゃう！

【A-Works HP】 http://www.a-works.gr.jp/
【旅ガイド Facebook】 http://www.facebook.com/TRIPGUIDE

５日間の休みで行けちゃう！
絶景・秘境への旅

5DAYS WONDERFUL TRIP GUIDE
発行・発売：A-Works　ISBN978-4-902256-48-2　定価：1575円（税込）

一生の宝物になる最高の景色に出逢う旅へ。
５日間の休みで行けちゃう「絶景」、「秘境」を完全ガイド！
地球が創造した奇跡の別世界へ！